Adr. S. 12

METROPOLITAN

In der gleichen Reihe erschienen:

**Das Enkelmann-Seminar:
Der erfolgreiche Weg**
ISBN 3-89623-228-2

**Das Enkelmann-Seminar:
Power-Training**
ISBN 3-89623-173-1

**Das Enkelmann-Seminar:
Die Erfolgsspirale**
ISBN 3-89623-296-7

Herzschrittmacher für Teams
ISBN 3-89623-252-5

Leistungskurs Management
ISBN 3-89623-224-X

Power Assessment
ISBN 3-89623-223-1

**Frühwarnsystem
Balanced Scorecard**
ISBN 3-89623-197-9

**Perfekt programmiert
auf den eigenen Lebenserfolg**
ISBN 3-89623-284-3

Führungskompetenz
ISBN 3-89623-271-1

Sozialkompetenz
ISBN 3-89623-256-8

Systemvertrieb
ISBN 3-89623-253-1

Wir freuen uns über Ihr Interesse an diesem Buch. Gerne stellen wir Ihnen kostenlos zusätzliche Informationen zu diesem Programmsegment zur Verfügung. Bitte sprechen Sie uns an:

**E-Mail: metropolitan@walhalla.de
http://www.metropolitan.de**

Metropolitan Verlag, Uhlandstraße 44, 40237 Düsseldorf,
Telefon: 02 11 / 6 80 42 15, Telefax: 02 11 / 6 80 20 82

Patrick Schmid

Turbo Projektmanagement

Mit einfachen Mitteln schneller zum Projekterfolg

Metropolitan Verlag

Die Deutsche Bibliothek – CIP-Einheitsaufnahme

Schmid, Patrick: Turbo Projektmanagement : mit einfachen Mitteln schneller zum Projekterfolg / Patrick Schmid. – Düsseldorf ; Berlin : Metropolitan-Verl., 2002
(Power-Training)
ISBN 3-89623-292-4 (Metropolitan-Verl.)
ISBN 3-8029-0292-0 (Walhalla-Fachverl.)

Zitiervorschlag:
Patrick Schmid, Turbo Projektmanagement
Düsseldorf, Berlin 2002

© Metropolitan Verlag, Düsseldorf/Berlin
Alle Rechte, insbesondere das Recht der Vervielfältigung und Verbreitung sowie der Übersetzung, vorbehalten. Kein Teil des Werkes darf in irgendeiner Form (durch Fotokopie, Datenübertragung oder ein anderes Verfahren) ohne schriftliche Genehmigung des Verlages reproduziert oder unter Verwendung elektronischer Systeme gespeichert, verarbeitet, vervielfältigt oder verbreitet werden.
Umschlaggestaltung: Gruber & König, Augsburg
Druck und Bindung: Westermann Druck Zwickau GmbH
Printed in Germany
ISBN 3-89623-292-4 (Metropolitan Verlag)
ISBN 3-8029-0292-0 (Walhalla Fachverlag)

Schnellübersicht

Enttäuschte Projektleiter 7

1 Groß ist nicht gleich gut:
Die falschen PM-Instrumente . 13

2 Auftragsklärung:
Mehr Klarheit, mehr Erfolg . . . 21

3 Kontextklärung:
Widerstände managen 55

4 Risiko-Check:
Überraschungen vermeiden . . 77

5 Projektplanung:
Einfacher ist besser 93

6 Weisungsloses Führen 135

7 Projektsteuerung:
Projekte sicher ins Ziel bringen 157

8 Projektabschluss:
Nutzen Sie Ihre Erfahrung! 177

9 Verbessern Sie Ihr Projektmanagement
in kleinen Schritten 185

Glossar 194

Übersicht Turbo-Checks und Checklisten 197

Stichwortverzeichnis 198

Vieles von dem, was wir als Management bezeichnen, besteht darin, uns durch Bürokratie die Arbeit zu erschweren.

Peter F. Drucker

Enttäuschte Projektleiter

Drei Viertel aller Projekte gehen daneben

Mal ehrlich: Läuft Ihr Projekt so, wie Sie es sich wünschen? Ärgern Sie sich nicht, wenn die Antwort Nein ist: Sie sind in guter Gesellschaft. Drei Viertel aller Projektleiter verneinen die Frage. Denn nur rund ein Viertel aller Projekte werden wie geplant zu Ende gebracht. Drei Viertel stecken dagegen ständig oder akut in Zeit- oder Geldnot, haben zu wenig Manpower, zeigen Qualitätsmängel oder sind in anderen Schwierigkeiten. Deshalb fordern die meisten Projektleiter (und ihre Auftraggeber, Kunden, Endanwender, Stockholder, Teammitglieder etc.), die ich in zwölf Jahren Beratungs- und Trainertätigkeit kennen gelernt habe:

„Wir müssen unsere Projekte professioneller managen!"

Das haben Sie sicher auch schon gedacht. Und? Was haben Sie unternommen? Sie haben ein Projektmanagement-Seminar besucht oder einen Ratgeber über Projektmanagement (PM) gelesen. Das machen insbesondere viele Projektleiter, die ohne eigenes Zutun mit der Bemerkung „Machen Sie mal!" mit einem Projekt betraut wurden. Sie fühlen sich meist überfordert und wissen nicht, wie sie das Projekt halbwegs ordentlich über die Bühne bringen sollen. Auch diese Projektneulinge suchen Rat in Seminaren und Büchern.

Der Aufwand steht in keinem praktikablen Verhältnis zum Ergebnis

Die meisten Ratsuchenden zeigen sich enttäuscht:

„Die Instrumente sind zwar alle toll – aber der Aufwand dafür!"

„Ich habe keine Zeit mehr für mein Projekt, wenn ich so viel Zeit in Planung und Steuerung stecken soll, wie es der Trainer verlangt!"

Vorwort

„Da bin ich doch mit meiner alten Vorgehensweise schneller!"

„Die Techniken sind zu aufwändig und bringen zu wenig."

„Das ist glatt zwei Nummern zu groß für mein Projekt!"

Um die Meinung der Praktiker auf den Punkt zu bringen: Die meisten PM-Techniken kosten zu viel Zeit, die man nicht hat, und bringen dafür viel zu wenig Ergebnis, das man dringend benötigt.

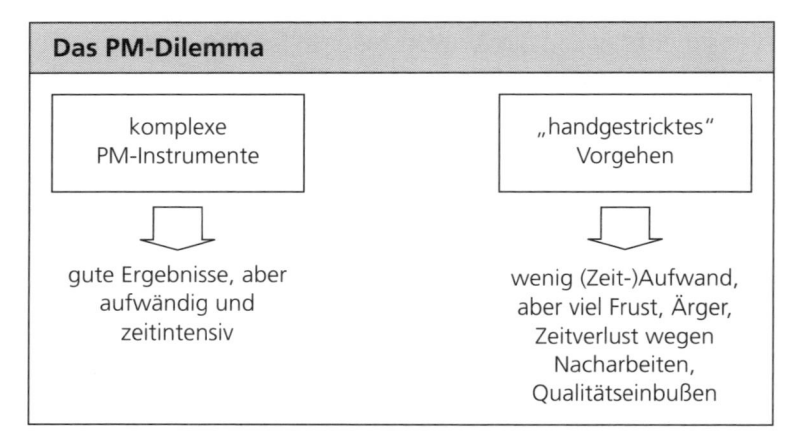

Das PM-Dilemma	
komplexe PM-Instrumente	„handgestricktes" Vorgehen
⇩	⇩
gute Ergebnisse, aber aufwändig und zeitintensiv	wenig (Zeit-)Aufwand, aber viel Frust, Ärger, Zeitverlust wegen Nacharbeiten, Qualitätseinbußen

Viele Projektleiter bemerken den Schaden erst, nachdem sie schon Tage oder Wochen mit der neuen Technik gearbeitet haben. Besonders gravierend ist dieser Schaden, wenn sie für eine neue Technik ihre alten, erprobten Techniken über Bord geworfen haben. Viele Projektleiter sind von dieser Wegwerf-Mentalität so verunsichert, dass wir in Training und Beratung an die alte Erkenntnis erinnern:

> Nicht jede alte Methode ist automatisch schlecht, nur weil sie alt ist.
> Nicht jede neue Methode ist automatisch gut, nur weil sie neu ist.

Lassen Sie sich nicht von selbst ernannten Gurus verunsichern! Lernen Sie vielmehr, auf Ihr eigenes Urteil zu vertrauen: Welche PM-

Vorwort

Techniken taugen für Ihr Projekt und Ihre Zwecke, welche weniger, welche nicht? Das kann ohnehin kein Guru für Sie entscheiden. Das kann nur der Projektleiter vor Ort. Vieles von dem, was Sie bereits praktizieren, ist sehr gut und bedarf lediglich kleiner Verbesserungen. Das merken Sie spätestens dann, wenn Sie mit Riesenaufwand eine dieser schönen, neuen und tollen PM-Techniken anwenden, damit aber nur marginale Erfolge erzielen. Um es ganz deutlich zu sagen:

- Viele Projektmanagement-Techniken sind reine Zeitvergeudung.

Gar keine Methoden ändern nichts

Das bemerken die meisten Projektleiter auch früher oder später. Was machen daraufhin viele? Verständlicherweise kehren sie zu den alten Techniken zurück. Zudem sind viele der alten Techniken nicht schlecht. Doch damit begibt sich ein Projektleiter in ein übles Dilemma. Denn meist sind unter den alten Techniken viele „handgestrickte" Instrumente, die für ein professionelles, schnelles, zieltreues und wenig aufwändiges Projektmanagement einfach nicht ausreichen. Das bemerkt der Projektleiter daran, dass er sehr viel Ärger, Frust sowie Zeitverlust wegen ständig fälliger Nachbesserungen hat und große Qualitätsverluste erlebt. Auf Grund dieser Nachteile hat er ja überhaupt erst das Seminar gebucht oder das Buch gelesen! „Na wenn schon", sagen viele Projektleiter. „Wenn ich mich für professionelles Projektmanagement auf den Kopf stellen muss – dann ohne mich." Wer das sagt oder denkt, ist auf eine zweite, grundfalsche Guru-Meinung hereingefallen: „Professionelles Projektmanagement ist aufwändig." Das ist Unfug!

Warum behaupten Trainer und Autoren einen solchen Unsinn? Einige kennen nur große Projekte und haben noch gar nicht bemerkt, dass sich große Instrumente nicht unbedingt auf kleinere Projekte übertragen lassen – sie haben den Wirkungsbereich der

Vorwort

einzelnen PM-Instrumente nicht erkannt (s. Kapitel 1). Andere glauben, mit einfachen Dingen kein Gehör zu finden und damit kein Geld verdienen zu können. Sie glauben, Kompliziertes verkauft sich besser, weil es wissenschaftlicher klingt. Und irgendwie gibt der Markt ihnen ja auch recht. Das ändert jedoch nichts an der Tatsache:

> Es gibt PM-Instrumente, die bei wenig Aufwand große Verbesserungen garantieren.

Erfolgreiches Projekt-Management ist pragmatisch

Die Entscheidung liegt bei Ihnen: Wollen Sie es lieber wissenschaftlich-hochkomplex oder pragmatisch-erfolgreich? Es ist Ihre Wahl. Gutes Projektmanagement ist viel einfacher, als Sie glauben. Es gibt tatsächlich PM-Methoden, mit denen Sie Ihre Projekte hochprofessionell managen können und die dabei leicht, einfach, unkompliziert, schnell, aufwandsarm, praktikabel und leicht verständlich sind. Wie schon Goethe sagte: „Das Geniale ist immer einfach." Man muss die einfachen Methoden nur finden und richtig anwenden – die komplexen, komplizierten und uneffizienten sind einfacher zu finden. Sie finden sie in (fast) jedem Seminar, in fast jedem Buch. In diesem Buch finden Sie sieben einfache, aber wirkungsvolle Instrumente. Und einige davon werden Ihnen sehr bekannt vorkommen. Fassen Sie das als Bestätigung auf: Es ist nicht alles schlecht, was Sie machen, auch wenn übereifrige Trainer und Autoren Ihnen das vormachen möchten. Vieles von dem, was Sie bereits wissen und tun, braucht nur noch den richtigen Dreh, um durchschlagend wirksam zu sein.

Was Sie im Folgenden lesen, habe ich mir nicht im stillen Kämmerlein ausgedacht. Es ist aus der Praxis entstanden. Seit zwölf Jahren trainiere, coache und berate ich Projektleiter und deren Führungskräfte. Damals begann ich wie alle anderen auch mit den typischen PM-Instrumenten. Bis meine Teilnehmer, Klienten und auch ich selbst bemerkten, dass es zwar auch einige große Projekte gibt,

Vorwort

dass die meisten von uns aber mittlere und kleine managen (müssen). Eben solche, die man mit einem „Machen Sie mal!" übertragen bekommt. Und für diese Projekte waren und sind die klassischen Instrumente völlig ungeeignet. Ich hielt damals diese Erkenntnis für völlig offensichtlich – bis ich die Augen aufmachte: Fast sämtliche PM-Bücher und Seminare schienen noch nicht bis zu dieser Erkenntnis vorgedrungen zu sein. Sie verfolgten anscheinend das Motto: *One size fits all* – PM-Instrumente passen auf jedes Projekt. Das stimmt ganz einfach nicht.

Als ich bemerkte, dass lediglich die Projektleiter und ich das Versagen der klassischen PM-Instrumente erkannten und sich die herrschende PM-Meinung wenig um die Mehrheit der Projekte scherte, machte ich es mir zur Aufgabe, zusammen mit den Projektleitern einfache und schnelle, professionelle und effiziente Instrumente zu entwickeln. Inzwischen sind diese Instrumente nicht nur entwickelt, sondern haben sich auch schon oft in der Praxis bewährt. Deshalb haben wir uns entschlossen, diese nützlichen Instrumente einem großen Kreis an Projektmanagern und deren Führungskräften zur Verfügung zu stellen – eben in diesem Buch.

Nach der Lektüre des Buches werden Sie dieselben positiven Effekte an sich und Ihrem Projekt beobachten, wie sie schon viele Projektleiter nach meinen Trainings und Beratungen realisiert haben.

- Sie werden sehr erleichtert sein: Professionelles Projektmanagement ist viel einfacher als oft dargestellt.

- Sie werden verwirklichen, was Sie bislang für einen Widerspruch hielten: Zeit sparen und besser managen. Das heißt: mehr Erfolg mit weniger Aufwand.

- Sie werden mehr Spaß und Erfolg mit Ihrem Projekt und Ihrem Team haben.

- Sie werden weniger Teamstreitereien und passive Mitglieder erleben.

Vorwort

- Sie werden ein immer besseres Verhältnis zu und Ansehen bei Auftraggebern, Kunden, Teammitgliedern, Linienkollegen (siehe auch Glossar) und Anwendern bekommen.
- Sie werden quasi Turbo Projektmanagement betreiben, das heißt: Ihre Projekte sehr viel schneller, zielgenauer, kostentreuer und termingerechter über die Bühne bringen.

Das Buch wendet sich in erster Linie an Projektleiter, die schon erste Projekterfahrungen gesammelt haben. Sie werden sich immer wieder darin finden und spontan „Ja, das kenne ich auch!" ausrufen. Die Tipps und Situationsbeispiele sollen Ihnen dabei helfen, schwierige Situationen abgeklärt zu meistern und Ihr Projekt zügig weiterzuführen.

Aber auch Leser, die sich als „Projektneulinge" bezeichnen würden, erhalten eine Menge Hinweise für ihre Arbeit. Denn (fast) jeder hat heute schon einmal die Erfahrung gemacht, was es heißt, eine größere Aufgabe termingerecht fertigzustellen, selbst wenn diese Aufgabe nicht als „Projekt" bezeichnet wurde. Für diese Kollegen sind insbesondere die Checklisten eine hilfreiche Unterstützung für das erste „richtige" Projekt.

Was Sie sich auch an konkreten Verbesserungen Ihres Projektmanagements vorgenommen haben, ich wünsche Ihnen viel Erfolg und Freude dabei. Wenn Sie Fragen zu Ihrem persönlichen Verbesserungsprozess oder zum Projektmanagement haben, helfe ich Ihnen gerne weiter:

PS Consulting
Mörikestraße 3
71159 Mötzingen
Tel. 0 74 52 – 79 03 91
E-Mail: patrick_schmid@psconsult.de
Homepage: www.psconsult.de

Groß ist nicht gleich gut: Die falschen PM-Instrumente

1. Eine Molkerei für ein Glas Milch 14
2. Falsche Instrumente schaden 15
3. Gute Instrumente sind lösungsorientiert 17
4. Die sieben ewigen Projektprobleme .. 18
5. Sieben einfache Instrumente 18

*Wer den größten Pinsel besitzt,
ist noch lange nicht der beste Maler.*

Alfred Kumpf

1. Eine Molkerei für ein Glas Milch

Da gibt es nun schon seit Jahrzehnten Projektmanagement und noch immer werden in Literatur und Training die falschen PM-Methoden gepredigt – wie kann das sein? Nun, wie konnte der Mythos vom vielen Eisen im Spinat so lange überleben?

▌ Mythen überleben die Wahrheit.

Sehen Sie mal die positive Seite: So viele Projektmanager sitzen Mythen auf – und Sie nicht. Das ist doch ein schöner Wettbewerbsvorsprung, nicht wahr? Spaß beiseite: Woher kommt die eklatante Desorientierung im Projektmanagement? Warum erschrecken 80 Prozent der Projektleiter regelmäßig, wenn sie mit „professionellen" PM-Methoden in Literatur, Beratung oder Training konfrontiert werden? Aus einem einfachen Grund:

▌ Die meisten PM-Techniken sind zwei Nummern zu groß.

PM-Techniken wurden für Großprojekte entwickelt

Das heißt: Für ein bisschen Resultat müssen Sie einen Riesenaufwand betreiben. Warum hat das Verhältnis zwischen Aufwand und Ertrag eine derartig augenfällige Schlagseite? Den Grund dafür kennen nur wenige, obwohl er sofort einleuchtet und eigentlich auch in jedem PM-Buch erwähnt wird:

▌ Die meisten PM-Techniken wurden für Großprojekte entwickelt.

Das heißt für Mondlandungen, Autobahnbauten oder milliardenschwere Ölraffinerien im saudischen Sand. Die meisten Bücher, in denen dieser hübsche Historienverweis steht, unterschlagen die zwingende Schlussfolgerung:

▌ Auf kleine und mittlere Projekte passen diese Techniken nicht!

Falsche Instrumente schaden **1**

Denn nur die wenigsten Projektleiter bauen Mondraketen. Nun gibt es zwar auch Universalinstrumente, die man für jeden beliebigen Zweck einsetzen kann. Doch diese sind die Ausnahme. In der Regel gilt, was der gesunde Menschenverstand verrät:

- Jedes Instrument hat seinen Wirkungsbereich.

Mit einer Rohrzange können Sie keine Armbanduhr reparieren. Mit einer Kettensäge sollten Sie keine Laubsäge-Arbeit machen. Mit Kanonen sollten Sie nicht auf Spatzen schießen. Das alles ist teuer und wenig effektiv. Die meisten PM-Techniken sind ein paar Nummern zu groß. Wer sie für kleine und mittlere Projekte einsetzt, baut eine Molkerei, um ein Glas Milch zu bekommen: Das können Sie auch mit weniger Aufwand bewerkstelligen.

2. Falsche Instrumente schaden

Wer im Alltag mit Kanonen auf Spatzen schießt, erscheint zunächst als ausgemachter Verschwender knapper Ressourcen oder einfach nur als Spaßvogel. Wer im Projekt unangemessen aufwändige Instrumente einsetzt, fügt sich, seinem Projekt und seinem Auftraggeber Schaden zu. Betrachten wir einige typische Beispiele:

Kathrin Freitag hat sich extra einen halben Tag Zeit genommen, den Netzplan (siehe auch Glossar) ihres Projektes auf den neuesten Stand zu bringen. Als der Plan endlich wieder aktuell ist, kommt der Auftraggeber hereingeschneit und will schon wieder eine Änderung. Kathrin schaut sich den neuen Netzplan an und meint: „Was für eine Zeitverschwendung!" Ihr Chef setzt noch einen oben drauf. Als er sieht, was sie die letzten Stunden getan hat, meint er: „Haben Sie nichts Besseres zu tun?" Statt Netzplanpflege hätte Kathrin Freitag lieber Auftragsklärung (s. Kapitel 2) betrieben. Denn wenn ein Auftraggeber zu häufig zu viele Änderungen möchte, liegt das nicht immer am Auftraggeber. Es liegt sehr häufig am Projektleiter, der die (absehbaren) Änderungen nicht bereits in einer sauberen Auftragsklärung vorweggenommen hat. Der

Netzpläne sind unbrauchbar

1   *Groß ist nicht gleich gut: Die falschen PM-Instrumente*

Netzplan ist zwar die richtige Art, ein (großes) Projekt zu planen. Aber im Projekt kommt es nun einmal nicht nur darauf an, Dinge richtig zu tun, sondern zuerst die richtigen Dinge zu tun. Wer netzplant und darüber die Auftragsklärung vernachlässigt, handelt ganz einfach grob fahrlässig. „Was soll ich denn machen?", fragt Kathrin entrüstet. „Irgend jemand muss doch den Netzplan pflegen." Nein, das ist nicht notwendig. Nicht bei allen Projekten. Und auf keinen Fall sollte man bei Kleinprojekten mit dem Aufwand für Großprojekte netzplanen.

PM-Software hindert nur

Betrachten wir ein zweites Beispiel. Fred Müller wischt sich den Schweiß von der Stirn: „Uff, diese PM-Software ist ganz schön anstrengend." Sein Kollege Peter Klein versteht ihn nicht: „Ich bin mit Papier und Bleistift viel schneller als du und erreiche dabei dieselbe Planungsqualität." Fred kann das nicht glauben, doch Peter hat Recht. Viele Projektleiter haben das längst erkannt. Auf vielen PCs oder Servern wird die teuer eingekaufte PM-Software so gut wie nie aufgerufen oder nur ein verschwindend kleiner Teil davon genutzt. Zu Recht – Projektleiter planen mit Papier und Blei schneller und besser. Andere Projektleiter sind von der unhandlichen PM-Software so frustriert, dass sie bis auf eine von allen als unzuverlässig eingestufte Grobplanung ihre Projekte überhaupt nicht mehr planen, „weil die Planung so unendlich kompliziert und sowieso schon fünf Minuten nach Beendigung hoffnungslos überholt ist!"

Falsche PM-Instrumente sind nicht nur überteuerter Luxus, sie schaden den Projekten auch, weil sie wertvolle Zeit für Planungsexzesse opfern und den Projektleitern trotzdem nicht das Gefühl der Kontrolle geben, das sie suchen und brauchen. Fred Müller bringt es auf den Punkt: „Wir stehen unter einem mörderischen Termindruck. Und da soll ich erst mal vier Tage Planung machen? Das kann ich mir doch überhaupt nicht leisten!" Paradox, nicht wahr? Die PM-Instrumente, die eigentlich für weniger Druck im Projekt sorgen sollten, sorgen für noch mehr Druck. Das kann ja wohl nicht angehen!

Gute Instrumente sind lösungsorientiert **1**

3. Gute Instrumente sind lösungsorientiert

Wenn Projektleiter oder Geschäftsführer an meine Tür klopfen, ist die Klage immer dieselbe: „In unseren Projekten geht es recht unkoordiniert zu. Wir brauchen ein professionelles Projektmanagement. Doch was wir bisher an PM-Techniken gesehen haben, ist zu groß, zu komplex, zu aufwändig. Wir haben das Gefühl, Technik und Projekte passen nicht zusammen. Es muss doch auch vernünftige kleine Instrumente geben." Gibt es. Und nicht nur das.

Die passenden Instrumente für kleine und mittlere Projekte sind nicht nur kleiner, sie sind auch lösungsorientiert. Denn wer jemals einen Netzplan (das typische, große PM-Instrument schlechthin) erstellt und gepflegt hat, fragt sich früher oder später unwillkürlich, wozu die Übung eigentlich gut sein soll. Der Netzplan macht so einen Riesenaufwand, dass man tagelang daran herumrechnen kann, ohne jemals zu erfahren, worin der Nutzen liegt. Außerdem ist danach meist unklar, was die ganze Rechnerei konkret gebracht hat, das nicht ohnehin schon bekannt ist oder mit viel einfacheren Mitteln hätte in Erfahrung gebracht werden können.

Aufwand und Nutzen müssen passen

> **Profi-Tipp:**
> Komplexe Instrumente sind Lösungen, für die es in kleinen Projekten kein Problem gibt.

Komplexe Instrumente zäumen das Pferd vom Schwanz her auf: Vor lauter Methode verschwindet die Lösungsorientierung ganz im Hintergrund. Bei kleinen Instrumenten stehen die Probleme der Projektleiter im Vordergrund. An diesem einfachen Kriterium können Sie übrigens den Nutzen aller PM-Instrumente ablesen. Fragen Sie sich einfach:

- Und welches meiner Probleme löst das jetzt?

1 *Groß ist nicht gleich gut: Die falschen PM-Instrumente*

Sobald Sie sich für ein bestimmtes Instrument mit einer Antwort schwer tun, können Sie es eigentlich schon vergessen. Gute Instrumente gehen nicht von einer hochtrabend klingenden Methode aus, sondern von den Problemen, denen Sie im Projekt begegnen.

4. Die sieben ewigen Projektprobleme

- Der Auftraggeber gibt pauschale, unklare Wünsche, jedoch keine klaren Ziele (bis auf den viel zu knappen Termin) vor – oder er ändert sie mitten im Projekt.
- Es kommt keine Unterstützung aus den Abteilungen – oft wird das Projekt sogar offen oder verdeckt angefeindet.
- Im Projektverlauf tauchen Probleme auf, mit denen keiner rechnete.
- Die Projektplanung wirft mehr Fragen auf, als sie beantwortet.
- Wie bringt man jemanden dazu, im Projekt voll mitzuarbeiten, wenn man keine Anweisungen geben darf?
- Wie holt man Rückstände und Rückschläge möglichst schnell und ohne großes Aufsehen wieder auf?
- Wie vermeidet man, dass man im nächsten Projekt exakt dieselben Fehler wiederholt?

5. Sieben einfache Instrumente

Für diese sieben archetypischen Projektprobleme gibt es sieben einfache Instrumente, welche die Probleme schnell und mit wenig Aufwand lösen:

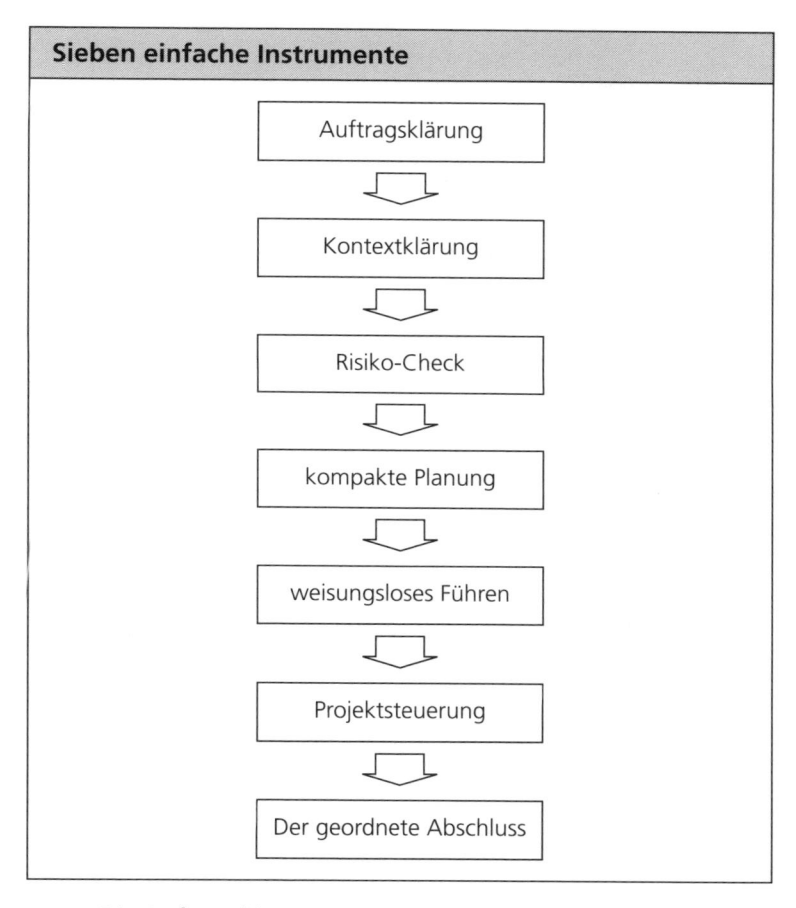

Sieben einfache Instrumente   1

Sieben einfache Instrumente

- Auftragsklärung
- Kontextklärung
- Risiko-Check
- kompakte Planung
- weisungsloses Führen
- Projektsteuerung
- Der geordnete Abschluss

- Die Auftragsklärung:

    Auftraggeber geben selten klare Aufträge. Wenn Sie klare Ziele wollen, müssen Sie sie sich holen. Die Auftragsklärung zeigt Ihnen wie.

- Die Kontextklärung:

    Wenn Sie möchten, dass Ihr Projekt von allen Ebenen im Unternehmen unterstützt wird: Gestalten Sie die Außenbeziehungen aktiv.

1 Groß ist nicht gleich gut: Die falschen PM-Instrumente

- Der Risiko-Check:

    Vermeiden Sie böse Überraschungen während des Projektverlaufs mit einem kurzen Risiko-Check.

- Die kompakte Planung:

    Sie können auch mit wenig Aufwand so planen, dass alles geregelt ist, was geregelt werden muss.

- Weisungsloses Führen:

    Viele Projektleiter glauben, mit Weisungsbefugnis ginge alles besser. Das ist ein Irrtum. Wer motivieren kann, braucht keine „Befehlsgewalt".

- Die Projektsteuerung:

    Abweichungen lassen sich mit Ampelsteuerung und Teamsteuerung schnell wieder in den Griff bekommen oder ganz vermeiden.

- Der geordnete Abschluss:

    Wer seine Erfahrungen dokumentiert und reflektiert, ist nicht länger dazu gezwungen, seine Fehler zu wiederholen.

Diesen sieben einfachen Instrumenten und ihrer Anwendung in der Projektpraxis sind die sieben folgenden Kapitel gewidmet. Sie werden sehen: Professionelles Projektmanagement ist im Grunde ganz einfach und hat nichts mit übertriebenem Aufwand zu tun. Im Gegenteil, Sie sparen Zeit und gewinnen mehr Spaß und Erfolg dabei.

Auftragsklärung: Mehr Klarheit, mehr Erfolg

2

1. Der Auftraggeber weiß nicht, was er will 22
2. Wer tut, was der Chef sagt, macht einen Fehler 24
3. Die konstruktive Einstellung 28
4. Die analytische Fragetechnik 31
5. Unterscheiden Sie zwischen Ziel und Lösung 36
6. Machen Sie Ziele messbar 40
7. Die Luftschloss-Falle 43
8. Spezialfall: Das unmögliche Projekt 50
9. Spezialfall: Falscher Dampfer 50
10. Was es bringt: Auftragsklärung ... 51
11. Turbo-Check: Auftragsklärung 53

Eine Richtung ist kein Ziel.
Projektleiterin mit unklarem Auftrag

1. Der Auftraggeber weiß nicht, was er will

Zick-Zack im Projekt

Was Projekte so stressig macht, sind die vielen Kehrtwendungen mitten im Projekt. Verantwortlich dafür ist vor allem der Auftraggeber. Scheinbar weiß er nicht, was er will:

- Alle paar Wochen meint er: „Ich habe mir das aber ganz anders vorgestellt." Warum sagt er das erst, nachdem er das Team wochenlang in die falsche Richtung hat laufen lassen?

- Oder Sie erraten es selbst: „So wie sich der Auftraggeber das vorstellt, geht's gar nicht", und können die Arbeit der letzten Wochen noch einmal machen. Meist so, wie Sie sich das von Anfang an vorgestellt, aber nicht gemacht hatten, weil Sie dachten: „Der große Auftraggeber weiß schon, was er sagt." Offensichtlich nicht.

- Am schlimmsten ist, wenn Sie es genau so machen, wie der Auftraggeber es wollte, dieser aber nach Betrachten der Zwischenergebnisse meint: „Eigentlich wollte ich etwas anderes!"

- Als Normalfall gilt schon, dass der Auftraggeber hin und wieder meint: „Das ist prima so. Aber könnte ich noch dieses und jenes haben?" Ständig diese Extrawürste! Kann er nicht gleich sagen, was er will?

Wirklich frustrierend ist, wenn man auf diese Weise erfährt, dass man viel zu viel gearbeitet hat: „Schön, dass Sie mir eine komplette Marktstudie mit hinzulegen. Aber eigentlich wollte ich nur einen kurzen Vorschlag haben." Warum hat er das nicht gleich gesagt?

2 Der Auftraggeber weiß nicht, was er will

Warum hat er das nicht gleich gesagt?

Kein Projektleiter regt sich auf, wenn die Vorgaben sich ändern – schließlich ändert sich die Welt täglich. Worüber wir uns aufregen, sind Änderungen, von denen wir mit Fug und Recht erwarten, dass sie der Auftraggeber doch eigentlich hätte schon lange vorher absehen müssen. Warum tat er es nicht? Warum sagt er erst jetzt, was er möchte? Das verstehen wir nicht, und das ist es, was uns aufregt: „Verdient glatt das Doppelte wie ich und weiß nicht, was er will!"

„Machen Sie mal" reicht nicht

Ich erfahre fast täglich, dass sich dieser entnervende Frust verringert, wenn nicht ganz verschwindet, sobald der Projektleiter erfährt, warum der auftraggebende Topmanager nicht gleich sagen kann, was er möchte: Er weiß es selbst nicht. Zwar denken die meisten Projektleiter: „Der Auftraggeber ist ein hohes Tier. Der hat den vollen Überblick. Der weiß viel mehr als ich! Der hat sich das genau überlegt mit meinem Projekt." Doch das stimmt ganz einfach nicht. Die meisten Projektideen fallen dem Auftraggeber morgens unter der Dusche, zwischen Tür und Angel, mitten in einer Sitzung oder einfach nur mal so zwischendrin ein. Er denkt: „Gute Idee, muss man mal verfolgen." Und dann laufen Sie ihm über den Weg: Zack, kriegen Sie das Projekt ab: „Machen Sie mal!"

Projekte sind zu Beginn nie durchdacht

Selbst wenn Sie das Projekt nicht auf dem Flur erben: Lassen Sie sich nicht täuschen! Viele Auftraggeber präsentieren ihre Projektidee derart professionell und überzeugend, mit Charts, Folien und Renditeerwartung, dass Sie automatisch denken: „Das ist voll durchdacht! Da muss ich nur noch loslegen!" Hereingefallen! Denken Sie an die Politiker: Was überzeugend präsentiert wird, ist nicht unbedingt auch durchdacht.

Wenn Sie scharf nachdenken, kommen Sie schnell zu dem Ergebnis, dass die Projektidee gar nicht durchdacht sein kann: Woher nähme der Auftraggeber denn

- die Zeit, das so genau durchzudenken? Dafür hat er doch Sie, den Projektleiter!;
- das Know-how? So tief ist er nicht im Thema drin.

2 Auftragsklärung: Mehr Klarheit, mehr Erfolg

> **Profi-Tipp:**
> Gehen Sie davon aus, dass die Projektidee nicht durchdacht ist.

Diese Erkenntnis ist zwar einleuchtend, doch viele Projektleiter haben ihre liebe Mühe damit, wie wir gleich sehen werden.

2. Wer tut, was der Chef sagt, macht einen Fehler

Viele Projektleiter reagieren entrüstet, wenn sie erfahren, dass die meisten Projektaufträge nicht durchdacht sind:

„Aber das muss er doch vorher genau durchdenken!"

„Er hat doch viel mehr Erfahrung als ich!"

„Wenn er die Sache so wenig durchdacht hat, dann ist er eben selber schuld."

Sie sind der Erste, der das Projekt genauer anschaut

Das sind verständliche Reaktionen. Sie haben nur einen Haken: Sie helfen Ihnen nicht im Mindesten. Schlimmer: Die Annahme dahinter trifft zwar auf die „normale" Arbeit zu. Da weiß der Chef es tatsächlich besser. Da kann und muss man tun, was er sagt. Doch Projekte sind per Definition keine „normale" Arbeit:

> Im Projekt ist es anders als gewohnt: Der Chef weiß es nicht besser.

Auftragsklärung ist nicht das Entgegennehmen von Anweisungen

Für die meisten von uns ist das eine schwer zu akzeptierende Erkenntnis. Wir sind es von der „normalen" Arbeit her gewohnt, dass gemacht wird, was der Chef sagt, dass der Chef Bescheid weiß, dass man den Chef nicht in Frage stellt. Die Arbeitspsychologen sprechen von erlernter Folgsamkeit. Eine löbliche Tugend – bei der „normalen" Arbeit. Im Projekt ist sie eine schlimme Untugend. Überspitzt formuliert:

> Wer im Projekt tut, was der Chef sagt, macht einen Fehler.

2 Wer tut, was der Chef sagt, macht einen Fehler

Finden Sie mit der Auftragsklärung heraus, was Ihr Chef wirklich meint. Sie gehört zum Handwerkszeug jedes guten Projektleiters. Sie klärt die Unklarheiten.

> **Profi-Tipp:**
> Ein klarer Auftrag und klare Ziele sind keine Bringschuld des Auftraggebers, sondern Holschuld des Projektleiters.

Sorgen Sie dafür, dass Auftrag und Ziele klar sind. Je schneller Sie das akzeptieren und umsetzen, desto leichter und erfolgreicher wird Ihr Projekt.

Wenn das Problem auftaucht, ist es zu spät

Viele Projektleiter regen sich auf, wenn sie nach Tagen oder Wochen erfahren, dass der Auftraggeber die Aufgabenstellung eigentlich ganz anders verstanden hat. Verschaffen Sie Ihrer Aufregung Luft (vor oder hinterm Chef), aber machen Sie sich auch in aller Deutlichkeit klar: Das Problem entsteht nicht dann, wenn es auftaucht. Wenn Sie in Projektwoche drei erfahren, dass es eigentlich in eine andere Richtung gehen soll, ist das Problem schon vor drei Wochen entstanden. Nämlich dann, als Sie versäumten, den Auftrag so gründlich zu klären, dass nach drei Wochen eben nicht eine ganz andere Richtung herauskommen kann. Unterschätzen Sie diese Quelle von Projektproblemen nicht:

Nicht ärgern – fragen! Und zwar schnell!

- Die meisten Probleme entstehen viel früher, als Sie denken.

Unklare Aufträge sind Zeitbomben

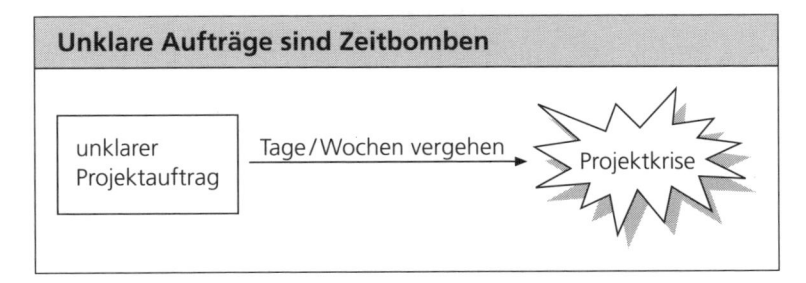

unklarer Projektauftrag → Tage/Wochen vergehen → Projektkrise

2 Auftragsklärung: Mehr Klarheit, mehr Erfolg

Eine große Zahl von Projektproblemen entsteht allein dadurch, dass man zu Beginn nicht genau klärt, was eigentlich die Projektziele sind. Vielleicht mag Ihnen eine gründliche Auftragsklärung lästig und zeitraubend erscheinen. Dann bedenken Sie:

> Für jede Minute, die Sie bei der Auftragsklärung „sparen", verlieren Sie im Projektverlauf Stunden und Tage für unnötige Probleme.

„Gesparte" Zeit zu Beginn kostet am Ende Tage und Wochen

Denn je später Unklarheiten entdeckt werden, desto länger haben Sie in die falsche Richtung gearbeitet. Sie können niemals alles hundertprozentig klar machen. Aber Sie können alles klären, was man zu Beginn eines Projektes klären kann. Tun Sie es. Sprechen Sie mit Ihrem Auftraggeber.

Das haben Sie sich mit Sicherheit auch schon gedacht. Und es steht auch in vielen Projektmanagement-Büchern. Warum machen es dann nur so wenige Projektmanager? Der Grund dafür steht nicht in den Büchern.

Keine Angst vor hohen Tieren

Natürlich weiß jeder Projektleiter, dass er den Auftraggeber fragen muss, wenn er einen klaren Auftrag möchte. Schließlich gehört Auftragsklärung zum Projektmanagement. So steht das in den Büchern. Doch leider ist der Auftraggeber nicht irgendjemand, sondern meist ein hoher Manager – und an diesem Punkt verlassen die gängigen Ratgeber den interessierten Leser: Wie fragt man so ein „großes Tier", ohne dass man seinen Zorn provoziert?

Ihr Auftraggeber braucht Sie und Ihre Fragen

„Das ist dem Mann doch lästig, wenn ich ihn so ausfrage!", befürchten viele Projektmanager. Seien Sie beruhigt: Das ist wirklich nur eine Befürchtung, keine Tatsache. Im Gegenteil. Gute Manager schätzen es, wenn Sie fragen – das zeigt Ihr Interesse und Ihr Engagement. Die meisten Manager sagen sogar: „Meine Leute machen den Mund nicht auf. Die fragen nicht nach, wenn etwas unklar ist. Die trotten wie die Schafe hinterher, die denken einfach

2 Wer tut, was der Chef sagt, macht einen Fehler

nicht unternehmerisch!" Denken Sie unternehmerisch – fragen Sie!

„Aber mein Auftraggeber hat dafür doch keine Zeit – der hat so einen vollen Terminkalender!", ist der nächste Anlass für Schwellenangst vor der Auftragsklärung. Der Terminkalender ist voll? Dann ist es Ihre erste Aufgabe als Projektleiter, noch mit in diesen hineinzukommen.

Ein guter Manager erkennt, dass Sie ein guter Projektleiter sind, wenn Sie eine gute Auftragsklärung machen. Unwirsche Reaktionen sind extrem selten. Vorausgesetzt, Sie fragen klug. Und genau das tun Projektleiter nicht, die den Zorn des Auftraggebers fürchten. Sie fürchten ihn, weil sie ihre Fragetechnik kennen:

Die Auftragsklärung macht Ihr Renommee aus

„Also Herr Projektleiter, wir müssen unbedingt in den Consumer-Bereich gehen, machen Sie mal eine Marktstudie!"

„Warum das denn? Die letzte ist doch erst drei Monate alt!"

Dass der Auftraggeber daraufhin negativ reagiert, ist klar. Weil er gegen eine Auftragsklärung ist? Nein, weil er auf Widerspruch sauer reagiert. Ein klug formulierender Projektleiter fragt vielmehr:

Konstruktiv fragen

„Eine gute Idee. Der Markt hat sicher Potenzial. Sehen Sie wesentliche Marktveränderungen seit der letzten Marktstudie?"

„Nein, eigentlich nicht. Aber ich möchte dran bleiben, sonst verschlafen wir möglicherweise eine neue Entwicklung."

Damit ist klar, was er will, und vor allem, warum er es will.

Schon an diesem kleinen Beispiel sehen Sie, wie einfach eine gute Auftragsklärung ist. Sie benötigen dafür nur zwei Dinge: eine konstruktive Einstellung und eine analytische Fragetechnik.

2   *Auftragsklärung: Mehr Klarheit, mehr Erfolg*

3. Die konstruktive Einstellung

Das hört sich nun sehr einfach an: eine konstruktive Einstellung entwickeln. Tatsächlich ist eine positive Einstellung das Letzte, woran Sie denken, wenn Sie ein Projekt „aufgebrummt" bekommen. Die meisten Projektleiter denken im ersten Augenblick:

„Nicht auch das noch! Dafür habe ich nun wirklich keine Zeit!"

„Was hat er sich denn dabei bloß gedacht?"

Finden Sie den Sinn des Projekts

Diese Reaktionen sind nur allzu menschlich, darum lassen Sie sie zu. Doch dann schalten Sie Ihren gesunden Menschenverstand wieder ein. Denn wenn Sie es nicht tun, werden Sie mit diesen Einstellungen im Hinterkopf so patzig wie der erwähnte Projektleiter fragen:

„Ist das wirklich nötig?"

„Wozu soll denn das gut sein?"

„Aber wie sollen wir das denn unterkriegen?"

Das regt den Auftraggeber nur auf und trägt nichts zur Klärung bei.

> Negative Einstellung ⇨ negative Wortwahl ⇨ negative Reaktion des Auftraggebers ⇨ immer noch unklare Auftragslage

Nicht aufgeben

Eine der negativsten Einstellungen für die Auftragsklärung ist die folgende: „Was soll's? Unsere Auftraggeber sind doch alle total unklar. Da überlegt sich doch keiner was." Diese Einstellung führt zu Passivität. Und Passivität macht aus einem unklaren Auftrag keinen klaren Auftrag. Mit einer negativen Einstellung regen Sie nicht nur den Auftraggeber auf, Sie schaden auch sich selbst.

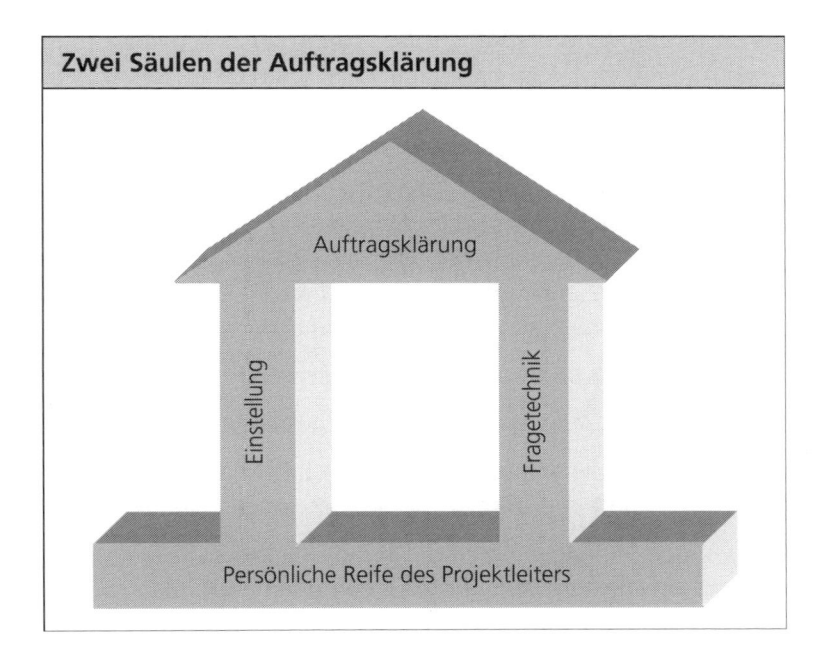

Die konstruktive Einstellung   2

Zwei Säulen der Auftragsklärung

- Auftragsklärung
- Einstellung
- Fragetechnik
- Persönliche Reife des Projektleiters

Machen Sie sich im Augenblick der Auftragserteilung Ihre spontan negative Einstellung bewusst. Lassen Sie sie für einen Augenblick zu. Denn was man bekämpft, wird nur noch stärker. Dann entwickeln Sie eine positive Einstellung. Sie kennen vielleicht das Beispiel vom halbvollen/halbleeren Glas: ein Ding – zwei Einstellungen. Man kann es sehen, wie man will. Sehen Sie es so, dass es Ihnen möglichst viel bringt. Erfahrene Projektleiter sind Meister im Entwickeln konstruktiver Einstellungen. Ja, Einstellungen muss man entwickeln, man muss daran arbeiten. Sie fallen einem nicht bloß so zu. Hier einige Beispiele für mögliche Einstellungen:

Die *Sinn-Vermutung*: „Seine Ideen erscheinen mir auf den ersten Blick etwas abstrus", sagt eine 45-jährige Projektmanagerin eines IT-Unternehmens. „Aber kein Mensch macht sinnlose Vorschläge. Für ihn machen sie Sinn. Also versuche ich herauszufinden, welcher das ist."

Erreichen Sie eine positive Einstellung zum Projekt

2 *Auftragsklärung: Mehr Klarheit, mehr Erfolg*

Die *professionelle Neugier*: „Ich stelle meine persönliche Belastung einen Augenblick hintan und frage mich dann: Okay, was könnte uns das bringen? Könnte sich das zu einer guten Sache entwickeln?", meint ein Projektleiter im Maschinenbau.

Beraten Sie Ihren Chef

Die *Dienstleistungs-Haltung*: „Ich bin so eine Art Berater für meinen Chef", sagt ein 55-jähriger Ingenieur in der Elektrotechnik. „Wenn er etwas Abgehobenes will, sage ich ihm, unter welchen hohen Voraussetzungen das möglich sein wird." Diese Einstellung ist hochprofessionell, weil sie den Projektmanager davor schützt,

- zu allem Ja und Amen sagen zu müssen;
- dem Chef seine abgehobene Idee ausreden zu müssen.

Wer einfach nur die Voraussetzungen aufzählt, bringt den Chef viel eher zur Vernunft oder zum Bewilligen der nötigen Ressourcen.

Der *gesunde Menschenverstand*: Ein Projektleiter im IT-Bereich hat eine der einleuchtendsten Einstellungen überhaupt: „Ich kann ja nicht einfach ins Blaue hinein losarbeiten! Ich muss den Auftrag klar formulieren, auch wenn mir und ihm das weh tut. Denn wenn wir das nicht zu Beginn machen, tut es uns während des Projektes viel mehr weh."

Die *Dialog-Einstellung* ist eine so verblüffend einfache wie wirkungsvolle Einstellung. Eine Projektleiterin aus einem Versicherungsunternehmen verriet mir einmal: „Die besten Lösungen entstehen niemals durch Anweisung. Sie entstehen immer im Dialog. Also gebe ich meinem Auftraggeber die Chance zum Dialog."

Seien Sie ein Partner

Die *Partnerschaft* ist die am höchsten entwickelte Einstellung. Sie demonstriert eine absolut bewundernswerte persönliche Reife des Projektleiters. Vor allem deshalb, weil wir in der „normalen" Arbeit eben keine Partner und keine Mitunternehmer sind – auch wenn die vierfarbigen Hochglanz-Firmenbroschüren das vorgaukeln. Wer bei der normalen Arbeit brav Anweisungen ausführt, sich im Projekt aber zum Partner des Auftraggebers aufschwingt, löst das Problem perfekt. Bei der „normalen" Arbeit ist der Chef „oben"

Die analytische Fragetechnik **2**

und Sie „unten". Im Projekt sind Sie beide zumindest in bestimmten Fragen gleichberechtigt. Und zu diesen Fragen gehört die Auftragsklärung.

Denken Sie daran: Der Auftraggeber braucht bei der normalen Arbeit hauptsächlich Mitarbeiter, die seine Anweisungen ausführen. Im Projekt dagegen braucht er eher Partner. Bitte verwechseln Sie beide Rollen nicht – das hat in beiden Fällen peinliche Folgen.

Auftragsklärung ist Dialog und Interview

In der Praxis stelle ich immer wieder fest, dass Projektleiter mit einem hohen Grad an Selbstbehauptung, innerer Unabhängigkeit und Selbstständigkeit viel weniger Probleme mit der Auftragsklärung haben als Kolleginnen und Kollegen, die immer irgendwie darauf warten, dass der Übervater ihnen sagt, wo es lang geht. Selbstbewusste Menschen trauen sich eine fundierte Auftragsklärung viel eher zu als Menschen, die sich auch dann unterordnen, wenn es für sie und ihren Auftraggeber gar nicht so gut ist. Wer ausreichend Selbstbewusstsein mitbringt, verfällt auch nicht so leicht in eine anklagende, vorwurfsvolle Einstellung wie zum Beispiel dieser: „Aber das geht doch nicht. Wie soll ich denn das auch noch schaffen?" In dieser Hinsicht lohnt etwas Arbeit an Ihrem Selbstvertrauen: Sie machen sich und Ihrem Auftraggeber die Auftragsklärung viel leichter und ertragreicher.

4. Die analytische Fragetechnik

Die meisten Projektleiter verspüren spontan Widerstand, wenn sie zum ersten Mal die Projektidee des Auftraggebers hören: „So geht das nicht, wie Sie sich das vorgestellt haben. Marketing gibt uns momentan keine 20 Personentage!"

Das muss man sich mal vorstellen. Da kennen Sie Ihren Chef nun schon so lange und leisten sich trotzdem so einen Klops. Sie wissen doch, was der Auftraggeber darauf sagt: „Sagen Sie mir nicht, warum es nicht geht. Sagen Sie mir, wie es geht." Und Abgang. Ja was sollen Sie denn machen? Irgendwie müssen Sie ihm doch sa-

Sagen Sie nicht, warum etwas nicht geht

2 Auftragsklärung: Mehr Klarheit, mehr Erfolg

gen, dass er unrealistische Vorstellungen hat! Gewiss, aber sagen Sie es so, dass er es nicht abschmettert, sondern akzeptiert.

- Der Ton macht die Musik. Ein kluger Mann fragt klug.

Sagen Sie, wie es gehen könnte

Mit einer guten Einstellung müssen Sie sich noch nicht mal die passenden klugen Worte mühsam ausdenken. Bei einer guten Einstellung kommen die Worte von alleine. Wenn Sie sich zum Beispiel als Dienstleister (s.o.) verstehen, werden Sie niemals sagen, warum etwas nicht geht. Denn damit verhindern Sie die eigene Dienstleistung. Sie möchten Dienst leisten, also sagen Sie ihm: „Gute Idee. Und wenn uns Marketing 20 Personentage gibt, ist sie auch machbar." Damit sensibilisieren Sie den Auftraggeber für das Problem. Das heißt, er kann jetzt schon überlegen, wie er die Kapazitäten bekommt.

- Wer gut fragt, bekommt gute Antworten.

Es gibt noch einen Grund, weshalb Sie die Auftragsklärung niemals damit beginnen sollten, warum etwas nicht geht: Sie finden nicht heraus, was der Auftraggeber eigentlich will. Und das muss oberstes Ziel Ihrer Auftragsklärung sein. Um dieses Ziel zu erreichen, setzen Sie die analytische Fragetechnik ein:

- Stellen Sie die Zielfrage
- Unterscheiden Sie zwischen Ziel und Lösung
- Machen Sie Ihre Ziele messbar

Alle drei Fragestellungen betrachten wir jetzt genauer.

Was wollen Sie erreichen? Die Zielfrage

Wissen Sie, was Ihr Auftraggeber erreichen will?

Solange Sie nicht wissen, was Ihr Auftraggeber wirklich will, sind alle Einwände und Vorbehalte verfrüht. In unserem Beispiel stellt sich heraus, dass für das Ziel des Auftraggebers gar keine Marketing-Unterstützung nötig ist. Bevor Sie ihm also sagen, warum etwas nicht geht, finden Sie erst einmal heraus, was er wirklich will.

Die analytische Fragetechnik 2

Denn das ist meist unklar. Viele Projektleiter gehen hier in die Falle: Sie konzentrieren sich auf das, was klar ist: Warum etwas nicht geht. Sie vergessen dabei ganz, nach dem zu fragen, was unklar ist: Wohin es überhaupt gehen soll.

> **Profi-Tipp:**
> Die erste Frage der Auftragsklärung ist die Zielfrage: Was wollen wir damit erreichen?

Stellen Sie die Zielfrage in den verschiedensten Varianten, um wirklich jeden Aspekt des Projektziels zu erfassen:

- Was soll am Ende des Projekts anders sein als vorher?
- Woran merken wir, dass das Projekt Erfolg hatte?
- Was soll mit dem Projektergebnis unternommen oder erreicht werden?
- Wozu dient das Projektergebnis?
- Wer hat etwas davon und was?

Notieren Sie die Antworten, denn diese ergeben Ihren Zielkatalog. Hinterfragen Sie unbefriedigende Antworten so lange, bis Ihnen klar wird, welches Ziel sich dahinter versteckt. Musterhaft für unklare Antworten ist die Negativ-Antwort: „Wir haben ein Problem – lösen Sie es!" Diese Antwort ist negativ, weil sie etwas beschreibt, was man nicht haben will. Sie sagt leider nicht, was der Auftraggeber stattdessen haben möchte. Es ist gerade so, als ob Ihr Auftraggeber sagte: „Ich will weg aus Frankfurt, weil es mir hier nicht mehr gefällt!" Mag sein – aber wohin? Hamburg? Oder München? Das heißt, das Ziel seines Auftrags ist völlig im Unklaren. Die möglichen Ziele können weit voneinander entfernt liegen.

- Erraten Sie die Ziele Ihres Auftraggebers nicht, erfragen Sie sie.

Nutzen Sie die analytische Fragetechnik und die vielen Varianten der Zielfrage (s.o.). Es kann Ihnen dabei auch passieren, dass Sie mit einem klar definierten Ziel aus der Auftragsklärung gehen und

Nicht vermuten, fragen!

2 Auftragsklärung: Mehr Klarheit, mehr Erfolg

nach einigen Tagen bemerken, dass das Ziel doch nicht so klar ist, wie Sie ursprünglich angenommen hatten. Dann überlegen Sie sich alle Fragen, die das Ziel klarer machen – und vereinbaren Sie einen zweiten Gesprächstermin. Und machen Sie sich deshalb keine Vorwürfe:

> Viele Ziele werden erst nach einem zweiten Gespräch so richtig klar.

Weil selbst beim denkbar simplen Instrument der Zielfrage in der Praxis gravierende Fehler begangen werden, betrachten wir dazu ein Beispiel:

Nicht in Details verlieren

Ein Auftraggeber und sein Projektleiter sitzen in einer Besprechung. Der Auftraggeber möchte ein neues DV-System zur Unterstützung der internen Abläufe. Es wird viel über die zur Auswahl stehenden Systeme geredet: Kosten, Optionen, Schnittstellenproblematik, notwendige Hardware-Voraussetzungen ... Das ist alles schön und gut und nötig. Doch über der typischen Fachsimpelei zu technischen Details vergisst der Projektleiter glatt, die Frage aller Fragen zu stellen: Wozu denn überhaupt? Was wollen wir damit erreichen?

Wir können uns leicht ausmalen, was passiert, wenn der Projektleiter diese Frage versäumt: Er macht sich einige Manntage (siehe auch Glossar) die größte Mühe mit seinem Projekt und landet dann ein sattes Eigentor. Denn buchstäblich nichts, was er erreicht, wird seinen Auftraggeber zufrieden stellen – es sei denn, er trifft zufällig exakt das, was dieser sich wünschte. Das wäre ein Fall von Telepathie oder glücklichem Zufall. Wollen Sie sich etwa auf den Zufall verlassen?

Sich zunächst den Überblick verschaffen

Wenn unser beispielhafter Projektleiter klug ist, fragt er deshalb seinen Auftraggeber: Was konkret möchten wir denn mit dem neuen System erreichen? Wir wissen, dass das alte System die Benutzer völlig unnötig aufhält und viele vom Kunden geforderte Optionen einfach nicht hat. Aber ist das alles, was wir uns wünschen? Oder was kommt sonst noch hinzu? Wollen wir vielleicht

2 Die analytische Fragetechnik

auch weniger Reklamationen, zufriedenere Mitarbeiter, mehr Umsatz mit denselben Kunden, … es liegt auf der Hand: Wenn Sie diese Fragen nicht zu Beginn stellen, werden sie Ihnen im Laufe des Projektes als lästige, zeitraubende, Ressourcen verschlingende, erfolgsbedrohende und stressige *Change Requests* (Änderungswünsche, siehe auch Glossar) Ihres Auftraggebers begegnen.

Klatscht der Auftraggeber begeistert in die Hände, wenn Sie ihm die Frage aller Fragen stellen? Wohl kaum, denn dafür fehlt Auftraggebern oft der Einblick ins Projektmanagement. Nur so kann man erklären, dass viele von ihnen falsch reagieren. Sie dürfen sich darüber ärgern – aber Sie müssen sich auch darauf vorbereiten:

„Was meinen Sie denn damit, was wir erreichen wollen? Das ist doch klar!" Ein erfahrener Projektleiter erwidert darauf: „Es ist Ihnen klar. Bitte machen Sie es auch mir klar. Das würde mir helfen." Wenn der Auftraggeber daraufhin zögert, wissen Sie: Nichts ist klar. Er hat sich die Zielfrage niemals selbst gestellt. Ertappt! Im Ernst: Zeigen Sie hier keine Schadenfreude. Zeigen Sie sich als Partner und Dienstleister. Helfen Sie dem Auftraggeber, seine Ziele zu artikulieren und zu dokumentieren. Sie helfen damit ihm und sich selbst. Eine weitere häufige Reaktion des Auftraggebers ist:

Hartnäckig bleiben

„Was dabei herauskommen soll, merken wir doch erst am Ende."

„Sicher, das ist klar. Schön wäre es, wenn wir jetzt schon überlegten, was am Ende herauskommen soll – damit wir es auch sicher erreichen."

Das ist die berühmte Zielorientierung, die eigentlich von jeder Führungskraft erwartet wird. Aber sagen Sie das nicht Ihrem Auftraggeber. Das wirkt oberlehrerhaft und reizt ihn nur. Und seien Sie auch nicht entrüstet, dass er als großer Manager so etwas Grundlegendes wie Zielorientierung offensichtlich nicht kennt. Denn dafür braucht er Sie als Partner, Dienstleister und Projektleiter: Damit Sie ihm geben, was ihm fehlt. Chefs sind keine allwissenden Götter. Im Projekt brauchen sie Partner, die mitdenken.

Das Ziel klarstellen

2 Auftragsklärung: Mehr Klarheit, mehr Erfolg

5. Unterscheiden Sie zwischen Ziel und Lösung

Mit der Lösung am Ziel vorbei

Es gibt einen riesigen Unterschied zwischen Zielen und Lösungen, der leider vielen Projektleitern nicht geläufig ist, was wiederum zu beträchtlichen Projektproblemen führt. Betrachten wir für diesen extrem wichtigen Punkt der Auftragsklärung ein Praxisbeispiel. Klaus Alt soll für ein neues Marktsegment ein Zugangssicherheitssystem entwickeln: „Neu, innovativ, dezentral gesteuert", sagt der Auftraggeber. Die dezentrale Steuerung ist eine harte Nuss. Nach fünf Wochen hat Entwickler Alt sie geknackt. Da kommt prompt die Änderung: „Nicht mehr dezentral, sondern über Zentralrechner, dafür aber mit Magnetkarten." Kaum hat Alt diesen Schlag verdaut, erfolgt die nächste Kehrtwende: „Nicht mit Magnetkarten, sondern mit Ausweisen mit integriertem elektronischem Chip." Alt geht erst mal fünf Stunden Net-Surfen, um seinen Frust abzubauen: „Dieser Amateur! Wann weiß er denn endlich, was er will?" Gegenfrage: Warum hat sich Alt derart täuschen lassen? Weil er zwei Dinge verwechselt hat: Ziel und Lösung. „Mein Ziel muss ein neues System sein."

Er dachte, das neue System sei sein Projektziel. Dabei war es nur eine mögliche Lösung für das Ziel. Das eigentliche Ziel seines Auftraggebers lautete nämlich ganz anders: In den Markt für Zugangssicherheitssysteme für dezentrale Unternehmen eindringen! Seine Gleichung müsste also viel eher lauten:

Ziel = neuen Markt erobern
eine mögliche Lösung dafür = neues Sicherheitssystem

Passt die Lösung zum Ziel?

Weil aber dieser neue Markt von einem Konkurrenten besetzt ist und dieser ständig neue Kampagnen startet (um den drohenden Newcomer abzuschrecken), muss Alts Auftraggeber ständig flexibel reagieren, um immer einen Schritt voraus zu sein. Hätte Alt nicht nur die Lösung (das neue Produkt), sondern auch das Ziel (Marktbearbeitung) gekannt, hätte er mitdenken können und manche Änderung zeitlich oder konzeptionell antizipieren können.

2 Unterscheiden Sie zwischen Ziel und Lösung

Ziele und Lösungen	
Beispiele für Ziele	**und Lösungen dafür:**
Umsatzsteigerungen um 30%	■ neues Produkt oder ■ effektiverer Vertrieb oder ■ besseres Marketing
20% mehr Produktivität	■ Schulung oder ■ bessere Dokumentation oder ■ Umorganisation oder ■ neues IT-System

Für ein und dasselbe Ziel kann es mehrere Lösungen geben.

Viele Projektleiter verwechseln Ziel und Lösung. Sie glauben deshalb, dass sich während der Projektarbeit ständig ihre Projektziele ändern. Tatsächlich bleiben diese konstant – die meisten Projektleiter erkennen sie bloß nicht, sondern ärgern sich über ständige Änderungen der Lösung. Ärgern Sie sich nicht. Freuen Sie sich darüber. Oder möchten Sie eine Lösung präsentieren, die schon bei der Präsentation überholt ist?

Ziele sind stabiler als Lösungen

Das heißt für Sie: Klären Sie immer die Ziele, auch wenn der Auftraggeber zunächst nur die Lösung als Auftrag gibt. Fragen Sie nach, bohren Sie: Was wollen wir damit erreichen? Wenn der Auftraggeber daraufhin erstaunt die Augenbrauen hebt, erklären Sie ihm, welche Bedeutung die Ziele für Sie haben. Er braucht Ihnen ja nicht unbedingt strategische Geheimnisse zu verraten. Klären Sie die Ziele so weit wie möglich.

Diese lösungsunabhängige Zielklärung hat noch einen Vorteil: Wird das Ziel hinter der Lösung auch dem Auftraggeber klar, ändert dieser häufig Ihren Projektauftrag, weil er sieht, dass diese Lösung keine Lösung ist. Und das noch, bevor Sie drei Wochen in die falsche Lösung investieren. Gerade kapazitätsbewusste Auftraggeber sind dafür dankbar: „Gut, dass wir darüber geredet haben."

2 Auftragsklärung: Mehr Klarheit, mehr Erfolg

Gut gemacht und nichts erreicht

Fallbeispiel: Die Lösung ist nicht das Ziel

Wie extrem wichtig die Unterscheidung zwischen Lösung und Ziel ist, zeigt das Beispiel eines Werkzeugbauers. Ständig gibt es Krach zwischen zwei Standorten. Standort A klagt über ständige Überlastung, B über permanent ungenutzte Kapazitäten. Der Geschäftsführer höchstpersönlich ernennt den Controlling-Chef zum Projektleiter für die Einführung eines umfassenden Auftragssteuerungs-Systems. Das Projekt kostet 50 Personentage und 25 000 Euro für die Software. Drei Monate nach Einführung „steppt der Bär", wie der Projektleiter zerknirscht berichtet: „Nichts hat sich geändert!" Der Geschäftsführer tobt. Der Projektleiter ist ratlos: „Ich verstehe das nicht. Die neue Software funktioniert doch reibungslos!"

Sie sind dem Projektleiter voraus. Sie wissen, woran es lag: Die Lösung war nicht das Ziel. Die neue Software war eine ungeeignete Lösung für die Zielerreichung. Wenn das Ziel die Lösung des permanenten Auftragsverteilungs-Konfliktes ist, dann muss man sich doch fragen, wovon dieser Konflikt verursacht wird. Die Ursache war eine typische Pattsituation:

Standort A war zwar ständig überlastet, wollte im Grunde aber keine Aufträge abgeben, denn: „Die in B können das doch gar nicht so gut wie wir!"

Standort B war zwar ständig unausgelastet, wollte im Grunde aber keine Aufträge von A, denn: „Das passt doch bei uns nicht rein! Gebt uns andere Aufträge!"

Sobald die Ursache endlich bewusst gemacht und auf den Tisch gebracht wurde, war die Lösung ein Kinderspiel: Nicht eine neue Software war die Lösung für das Ziel Umverteilung von Aufträgen, sondern der Transfer von Know-how und Prozessen von A nach B, damit auch B einige Aufträge von A so gut wie A abwickeln konnte. Oder wie der Geschäftsführer sagte: „Gebt den Leuten in B Angeln, damit sie fischen können!"

Unterscheiden Sie zwischen Ziel und Lösung 2

Die fünf Punkte der Auftragsklärung

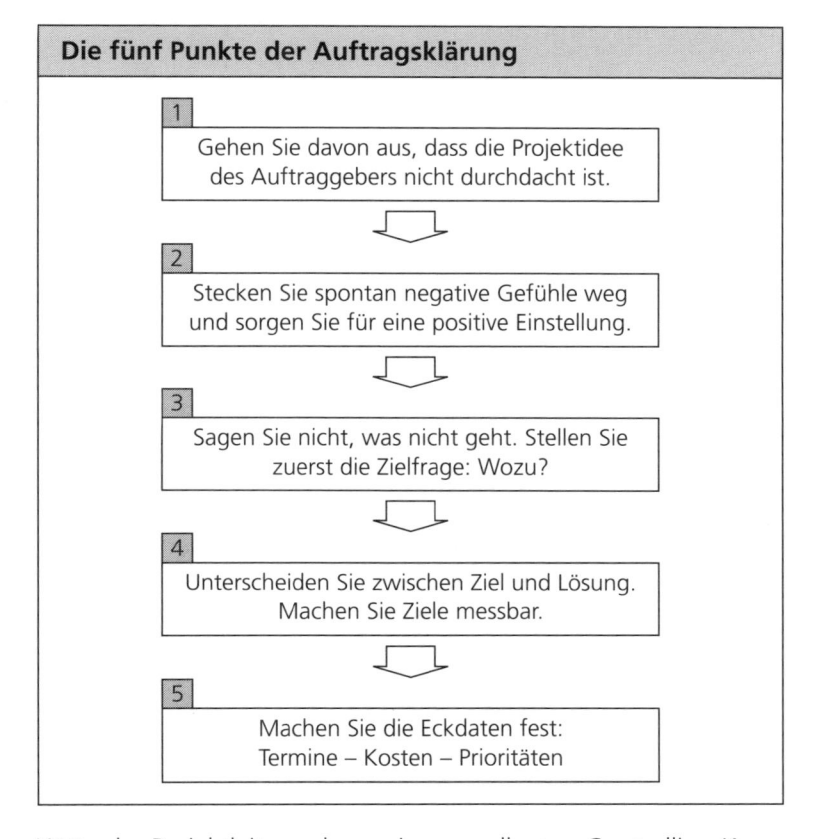

1. Gehen Sie davon aus, dass die Projektidee des Auftraggebers nicht durchdacht ist.

2. Stecken Sie spontan negative Gefühle weg und sorgen Sie für eine positive Einstellung.

3. Sagen Sie nicht, was nicht geht. Stellen Sie zuerst die Zielfrage: Wozu?

4. Unterscheiden Sie zwischen Ziel und Lösung. Machen Sie Ziele messbar.

5. Machen Sie die Eckdaten fest: Termine – Kosten – Prioritäten

Hätte der Projektleiter neben seiner exzellenten Controlling-Kompetenz auch über etwas Projektkompetenz verfügt und eine fundierte Auftragsklärung mit der Unterscheidung von Ziel und Lösung vollzogen, hätte er sich und seinem Unternehmen 50 Personentage und 25 000 Euro gespart. So rentabel ist Auftragsklärung! Rechnen Sie das mal hoch: 25 000 Euro Software plus 25 000 Euro Lohnkosten (ausgehend von einem Tagessatz von 500 Euro) – das macht einen phantastischen Return on Investment (siehe auch Glossar) auf einige wenige Minuten Auftragsklärung.

2 Auftragsklärung: Mehr Klarheit, mehr Erfolg

Die Lösungs-Euphorie

Der Unterschied zwischen Lösung und Ziel ist aus einem weiteren Grund bedeutsam: In jedem Projekt besteht die Gefahr der Lösungs-Euphorie.

> Lösungs-Euphorie: Vor lauter Begeisterung über eine tolle Lösung verliert man das Projektziel aus den Augen.

Lösungen werden zum Selbstzweck

Wir kennen alle diese gefährliche Euphorie. Wir sind zum Beispiel von unserem neuen IT-System so begeistert, dass das komplette Projektteam nur noch darüber nachdenkt, wie man noch eine Option, noch eine Zusatzfunktion und noch eine Bearbeitungsbeschleunigung einbauen könnte – ohne jemals auch nur einmal darüber nachzudenken, was diese tollen Lösungen denn zu unserem Projektziel beitragen. Meist bringen sie nichts. Im Gegenteil. Sie verschlingen Zeit und Ressourcen auf Kosten von notwendigen Arbeiten, die einfach liegen bleiben.

> **Profi-Tipp:**
> Fragen Sie sich bei wirklich allem, was Sie im Projekt tun: Bringt das etwas? Trägt das wirklich zu unseren Zielgrößen bei?

Fragen Sie sich: Arbeiten wir gerade für die Lösung oder für unsere Ziele? Sind Verbesserungen wirklich zieldienlich oder nicht?

6. Machen Sie Ziele messbar

Messbare Ziele brauchen Zahlen

Viele Auftraggeber antworten auf die Gretchenfrage nach den Projektzielen etwa so: „Na, damit wir effizienter arbeiten!" Aber was meint er denn damit? Das ist völlig unklar. „Effizienter arbeiten" kann so ziemlich alles bedeuten. Solange Sie das nicht geklärt haben, handeln Sie sich Ärger ein. Sie erreichen zum Beispiel unter unmenschlichem Einsatz eine 14%ige Output-Steigerung – eine klare Effizienzsteigerung – was Ihren Auftraggeber auf die Barrika-

Machen Sie Ziele messbar 2

den treibt, weil er eine 20%ige Kostenreduktion im Sinn hatte – auch das ist eine Effizienzsteigerung. Deshalb:

- Machen Sie aus schwammigen Zielen konkrete Ziele.

Vereinbaren Sie Zahlen. Oder zumindest Größenordnungen, Zahlenintervalle, Zielkorridore oder Minimal-, Optimal- und Maximalziele. Ziele müssen messbar sein. Und lassen Sie sich nicht von dem Argument verunsichern, dass einige Ziele, vor allem die berühmten „weichen Faktoren", nicht messbar seien. Alles ist messbar, wie bereits Lord Kelvin, Erfinder der Kelvin-Temperaturskala, sagte: *Everything that exists, exists in a quantity and can therefore be measured.*

Benutzen Sie wiederum die analytische Fragetechnik, um Ziele messbar zu machen. Fragen Sie den Auftraggeber:

- An welchen messbaren Größen merken wir, dass unser Projektziel erreicht wurde?
- Wann hat sich das Projekt gelohnt?
- Woran unterscheiden Sie ein Spitzenergebnis von einem ausreichenden oder einem schlechten Ergebnis?

Solche Fragen helfen Ihnen, verlässliche Messkriterien zu finden.

Weiche Faktoren messen

Viele Projektziele wie Umsatz, Durchlaufzeit, Zugriffszahlen, Fehlerrate oder Verfügbarkeit lassen sich problemlos messen. Die so genannten weichen Faktoren sind jedoch problematisch, wie zum Beispiel Kundenzufriedenheit, Nutzerakzeptanz oder Benutzerfreundlichkeit. Tauchen diese Parameter als Projektziele auf, werfen viele Projektleiter die Flinte ins Korn: „Wie soll ich denn so etwas messen? Das sind doch total subjektive Größen!"

Die Entrüstung ist zwar verständlich, aber etwas verfrüht. Denn wer ein bisschen nachdenkt, findet für alle weichen Faktoren harte Messkriterien. Betrachten wir das Projektziel „Benutzerfreund-

Maßzahlen zu Beginn festlegen

2 Auftragsklärung: Mehr Klarheit, mehr Erfolg

lichkeit". Seine Zielerreichung lässt sich einfach durch eine Nutzerbefragung ermitteln, bei der ein statistisch auf Zuverlässigkeit und Generalisierbarkeit geprüfter Fragebogen eingesetzt wird. Das konkrete Projektziel könnte dann sein: „80 Prozent aller Befragten müssen das neue Produkt als leicht oder sehr leicht zu benutzen beschreiben." Sie können dieses Ziel auch an der Zahl der Hotline-Anrufer messen, die Fragen zur Benutzung des Produktes stellen, und als Zielgröße definieren: „Die Zahl der Anwendungsfragen darf zehn Prozent nicht überschreiten."

Messgrößen schaffen Transparenz. Sie werden oft erleben, dass Sie erst bei der Messgrößen-Festlegung überrascht erkennen werden, dass der Auftraggeber etwas ganz anderes unter dem Projektziel versteht als Sie. Gerade bei technischen Projekten passiert es oft, dass man erst bei der Vereinbarung von Zielzahlen feststellt: „Hoppla, der Auftraggeber möchte ja gar nicht so viel wie befürchtet. Er ist schon mit einer 80-Prozent-Lösung zufrieden."

Ohne Zahlen gibt es Missverständnisse

Bei Organisationsprojekten ist meist das Gegenteil der Fall. Oft bemerken Sie erst, wenn Sie Zielgrößen vereinbaren, dass der Auftraggeber viel mehr erwartet, als Sie bislang annahmen. Oft möchte er so viel mehr, dass Ihr Projekt sogar eine unternehmenspolitische Dimension bekommt. So erwartete zum Beispiel ein Geschäftsführer eines mittelständischen Unternehmens, dass sein Verkaufstrainings-Projekt die Kundenzufriedenheit steigere. Der Projektleiter zeigte sich sehr zuversichtlich und stieg umgehend in die Planung ein, bis er in einem zweiten Gespräch die Maßgröße festlegen wollte und ihn fast der Schlag traf: „Sie möchten eine Steigerung der Kundenzufriedenheit um 20 Prozent? Durch Verkäuferschulung allein? Wie sollen denn die Kunden wesentlich zufriedener werden, solange wir in der Fertigung die monatelangen Lieferverzögerungen nicht beseitigen? Nur weil die Verkäufer freundlicher verkaufen und kundenorientierter beraten, bekommen die Kunden doch ihre Waren nicht schneller!"

Da wurde dem Projektleiter schlagartig klar, weshalb er das Projekt bekommen hatte: Die Fertigung zu optimieren, war gerade unter-

Die Luftschloss-Falle **2**

nehmenspolitisch nicht opportun. Also wollte man ganz einfach die Verkäufer schulen. Ein Himmelfahrts-Projekt für den Projektleiter? Nein, im Gegenteil. Erst nachdem die Zielzahl klar war, konnte er vernünftig mit seinem Auftraggeber über sein Projekt verhandeln.

Selbst wenn ein Projektziel utopisch ist, liefert erst die konkrete Zielzahl eine vernünftige Basis für konstruktive Verhandlungen.

In unserem Fall erreichte der Projektleiter eine Reduktion seiner Zielzahl auf zehn Prozent. Außerdem überlegt sich die Geschäftsleitung seither ernsthaft, doch endlich die Fertigung zu modernisieren.

7. Die Luftschloss-Falle

Jede Auftragsklärung wird an einem ganz bestimmten Punkt stressig: Kosten und Termine. Dieser Stresspunkt erinnert stark an den privaten Hausbau: Da sitzt man mit dem Architekten zusammen, möchte hier noch einen Aufgang und da noch einen Balkon, ein offener Kamin wäre auch nett und selbstverständlich ein Sprudelbecken im Bad. Dann nennt der Architekt den ungefähren Preis für das ganze Luftschloss und holt das Riechsalz zur Wiederbelebung des Häuslebauers aus der Schublade. Viele Auftraggeber verhalten sich exakt nach diesem Luftschloss-Muster.

Jeder Auftrag braucht Termine und Kosten

Sie entwerfen vor Ihnen ihre Idee, sprechen über die Ziele und Möglichkeiten, was alles drin und dran sein soll – dann lassen sie ihre Termin- und Kostenvorstellung fallen und Sie trifft der Schlag. Ein Projektleiter sagt dazu: „Auftraggeber und Kunden sind doch alle gleich. Jeder will alles, möglichst gestern und natürlich gratis." Sofern Ihnen die Projektidee des Auftraggebers noch plausibel erschien, spätestens bei Termin und Kosten ist klar: „Das geht doch gar nicht!" In dieser Situation reagieren viele Projektleiter falsch:

2 Auftragsklärung: Mehr Klarheit, mehr Erfolg

- Sie lassen sich von der Situation überraschen, obwohl klar ist, dass diese Situation Bestandteil jeder Auftragsklärung sein muss wie das Amen in der Kirche – Ausnahmen bestätigen die Regel. Also bereiten Sie sich darauf vor.
- Sie reagieren spontan: „So schnell und mit diesem Budget? Wie soll das gehen?" Diese Frage bringt Sie nicht weiter.
- Sie reißen entsetzt die Augen auf, schlucken die Kröte und haben nach drei Projekten ein Magengeschwür. Wer schluckt, ist selber schuld. Es gibt Besseres.

Kosten und Termine: Zahlen auf den Tisch!

Sie finden utopische Kosten- und Terminvorstellungen von Auftraggebern oder Kunden zum Davonlaufen? Dann lassen Sie uns einen Schritt weiter gehen und eine noch bedrohlichere Situation ausmalen: Ihr Auftraggeber hat keine utopischen Termin- und Kostenvorstellungen, er hat gar keine Vorstellungen zu Terminen und Kosten!

Checken Sie erst mal die Erwartungen

Diese Situation klingt verrückt, ist aber bei vielen Projekten, insbesondere bei internen Projekten, die Regel. Da wird über Termine und Kosten einfach nicht geredet! Warum nicht? „Interne Projekte muss man nicht kalkulieren, die kosten nichts, die Leute sind ja eh schon da und bekommen ihr Gehalt." Deshalb spricht man auch von den berühmten Eh-da-Ressourcen. Wer so denkt, macht dem kaufmännischen Stand keine Ehre – was nicht so schlimm wäre. Schlimmer sind die wirtschaftlichen Konsequenzen dieser Kalkulationsverweigerung:

- Da die Projekte zusätzlich zur normalen Arbeit erledigt werden müssen, kommt es meist zu massiven Überstunden – siehe da, plötzlich verursacht das Projekt also doch Kosten.
- Nicht wenige Projektleiter schämen sich, dass sie das Projekt nicht „nebenher" schaffen, und leisten ihre Überstunden unbezahlt. Das geht ein, zwei Projekte gut, dann brennen

Die Luftschloss-Falle 2

sie aus. Etliche Unternehmen kalkulieren damit: „Wir wechseln die Leute sowieso nach zwei Projekten aus." Weil dabei die ganze Erfahrung der Leute verloren geht, verursacht dies langfristig viel größere Kosten als eine ordentliche Kalkulation.

- Die meisten Projektleiter merken, dass der Auftraggeber sich getäuscht hat und das Projekt eben nicht „nebenher" laufen kann. Dazu macht es viel zu viel Arbeit. Also wird es irgendwann still beerdigt oder so stark zurückgefahren, dass es praktisch nie zu Ende gebracht werden wird.

- Viele Projekte werden großartig konzipiert. Und wenn man merkt, welche Zeit sie fressen, wird aus der herrschaftlichen Villa schnell eine Fertiggarage.

So projektierte unlängst ein Maschinenbauer eine „Effizienzsteigerung um 25 Prozent" für einen bestimmten Auftragsdurchlauf. Weder Kosten noch Zeit waren kalkuliert. Als man merkte, welche Riesenmengen an Ressourcen das Projekt verschlang, wurde aus der „überragenden Prozessverbesserung" ganz einfach ein neues Formular. Die Mitarbeiter lachten monatelang darüber.

Sagen Sie, was Sie brauchen

> **Profi-Tipp:**
> Wenn Ihr Auftraggeber meint, das Projekt gehe „nebenher": Bringen Sie Zahlen ins Gespräch!

Möglicherweise können Sie diese Termin- und Kostenzahlen nicht vom Auftraggeber einfordern: Er kennt sie unter Umständen nicht. Aber selbst wenn er Ihnen Zahlen nennt: Sie können in der Auftragsklärung aus dem Stand heraus unmöglich beurteilen, ob diese realistisch sind oder nicht.

Fordern Sie vom Auftraggeber keine exakten Zahlen ein, wenn er diese nicht hat. Fragen Sie aber zumindest nach Größenordnungen und „Hausnummern".

Besser Größenordnungen als gar nichts

2 Auftragsklärung: Mehr Klarheit, mehr Erfolg

Setzen Sie Ihre ganze Überzeugungskunst ein, um dem Auftraggeber klar zu machen, dass Sie diese Hausnummern unbedingt brauchen. Und noch eines ist wichtig:

- Vermeiden Sie in dieser frühen Phase jedwede Zusage!

Wenn der Auftraggeber seine Hausnummer genannt hat, fragt er nämlich oft: „Na, damit ist es doch wohl zu schaffen, nicht wahr?" Beißen Sie sich lieber auf die Zunge, als daraufhin „Jawoll!" zu sagen und die Hacken zusammenzuschlagen. Machen Sie niemals Versprechungen, die Sie nicht halten können, sollten Sie die Konsequenzen nicht absehen können. Verweisen Sie immer auf eine ordentliche Vorkalkulation, etwa so:

„Ich kalkuliere die Zahlen mal grob durch und melde mich dann spätestens am … bei Ihnen."

Nicht sofort zusagen – erst planen

Viele Projektleiter sagen auch: „Ich rechne das mal durch und sage Ihnen dann, ob es machbar ist." Rhetorisches Eigentor! Damit schwingen Sie sich zum Lehrer auf, der das Diktat des Schülers korrigiert und ihm dann sagt, ob er bestanden hat oder nicht. Ihr Auftraggeber wird empört antworten: „Es ist mir egal, was Sie da rechnen – das muss ganz einfach machbar sein!" Verkneifen Sie sich den Hinweis auf die Machbarkeit. Weisen Sie einfach nur auf Ihre gewissenhafte Kalkulation hin. Und lassen Sie sich nicht verführen: „Na, kommen Sie doch, Meier! Sie mit Ihrer Erfahrung können das doch absehen!" Bedanken Sie sich fürs Kompliment und verweisen Sie auf die Vorkalkulation. Es sei denn, Sie hätten so ein Projekt schon öfters betreut und haben die Kalkulation im Kopf.

Fragen Sie Ihren Auftraggeber auf jeden Fall nach konkreten

- Terminen wie Messeterminen, Deadlines, Präsentationen, …
- Zusagen gegenüber Kunden bezüglich Preis, Volumen, Terminen, …
- fixen Limits für Ihr Budget, Ihren Aufwand, Ihre Manpower, …

Die Luftschloss-Falle 2

Viele Auftraggeber „vergessen" diese entscheidenden Daten zu erwähnen, weil sie von ihrer Euphorie über die tolle Projektidee beschwipst sind und weil das „Nebensächlichkeiten" sind. Für den Auftraggeber vielleicht, nicht aber für Sie.

Prioritäten klären

Sie kennen das vielleicht: Auftraggeber und Kunden unterschätzen prinzipiell den Aufwand hinter einem Projekt. Immer wieder fallen Aussagen wie zum Beispiel: „Wieso stecken Sie da so viel Aufwand rein? So viel Geld wollten wir gar nicht investieren!" Solche Sprüche treiben manchen Projektleiter zur Verzweiflung: „Der Kunde will alles, aber nicht dafür bezahlen!"

Was ist wichtiger?

Zugegeben: Das sieht so aus. Aber bitte halten Sie sich vor Augen: Nicht der Auftraggeber macht hier den Fehler, sondern der Projektleiter. Er hat offensichtlich die Prioritäten nicht geklärt. Wie in unserem Beispiel unschwer zu erkennen ist, sind die Prioritäten wie folgt verteilt:

	Auftraggeber	**Projektleiter**
1. Priorität	Kosten	Lösung
2. Priorität	Lösung	Kosten

Es existieren unterschiedliche Prioritäten. Dem Projektleiter ist eine gute Lösung für die Zielerreichung am wichtigsten. Dem Auftraggeber aber die Kosten. Das ist nicht schlimm. Schlimm ist nur, dass dies beiden nicht klar war! Auch diese Klarheit dürfen Sie niemals von einem Auftraggeber erwarten. Es ist schön, wenn er sie Ihnen gibt. Dann haben Sie einen vorbildlichen Auftraggeber. Doch damit dürfen Sie nicht rechnen. Denn immerhin haben Sie die PM-Seminare besucht und nicht Ihr Auftraggeber. Die Prioritäten müssen Sie klären.

Auch hier gilt: Sie können es natürlich direkt probieren und fragen: „Was ist Ihre oberste Priorität – Lösung oder Kosten?" Aber Sie

Nicht alles ist gleich wichtig

2 Auftragsklärung: Mehr Klarheit, mehr Erfolg

dürfen daraufhin keine sinnvolle Antwort erwarten. Viele Auftraggeber antworten nämlich darauf mit „Beides". Wenn Ihr Auftraggeber Probleme hat, Prioritäten zu setzen oder gar zu erkennen, helfen Sie ihm dabei, wie Sie es in der Algebra gelernt haben: mit Paarvergleichen. Und zwar für die drei Paare der Größen Ziele, Termine, Kosten:

„Wenn wir eine hervorragende Lösung fänden, diese aber eindeutig unsere Kostenvorgaben sprengt – was wäre Ihnen wichtiger, Kosten oder Lösung?"

„Wenn wir eine fantastische Lösung fänden, dafür aber deutlich die Termine überziehen ...?"

„Wenn wir die Wahl zwischen höheren Kosten und Terminverschiebung ...?"

Die sich daraus ergebende Reihenfolge der Prioritäten muss nicht mathematisch exakt sein. Sie müssen nur eine relativ klare Vorstellung davon gewinnen, welche Reihenfolge Ihr Auftraggeber im Kopf hat. Eine Projektleiterin eines Beratungsunternehmens sagt: „Bei meinen Großkunden ist die Priorisierung relativ klar: Termin kommt im Zweifel vor Qualität – es sei denn sie sinkt beträchtlich – und dafür dürfen wir auch mal die Kosten überziehen." Bei der Priorisierung hilft Ihnen das Prioritäten-Raster:

Das Prioritätenraster. Was ist fix? Wo gibt es Spielräume?		
Priorität	**Leitfrage**	**Beispiel**
1. Priorität	Was ist fix?	der Messetermin
2. Priorität	Wo versuchen wir, das Optimum zu erreichen?	bei den Kosten
3. Priorität	Wo haben wir die größte Flexibilität?	bei der Qualität

2 *Die Luftschloss-Falle*

In diesem Fall hat für den Auftraggeber die Einhaltung des Messetermins oberste Priorität, die Kostenvorgaben sollten möglichst eingehalten werden, zur Not auch auf Kosten der Qualität des Projektergebnisses. Wie verhält es sich in Ihrem Projekt? Stellen Sie Ihr eigenes Raster auf. Und zeigen Sie dieses auch Ihrem Auftraggeber. Falls er seine Prioritäten noch einmal überdenken möchte, wenn er sie schwarz auf weiß sieht ...

Klare Prioritäten geben Orientierung und Sicherheit.

Mit dem Raster wissen Sie bei jeder kniffligen Entscheidung in Ihrem Projekt – und das sind etliche – von vornherein ganz klar, wonach Sie sich richten müssen, was Ihrem Auftraggeber am wichtigsten ist. Ein guter Projektleiter hat diese Priorisierung im Kopf, zum Beispiel: „Wir müssen die Ideallösung erreichen – dabei so nah wie möglich am Wunschtermin bleiben – zur Not müssen wir eben noch einen Budgetnachschlag holen."

Nur mit Prioritäten können Sie sinnvolle Vorschläge machen

Mit klaren Prioritäten kommen Sie aus der Auftragsklärung heraus und wissen ganz genau, welchen Vorschlag für den weiteren Projektverlauf Sie im nächsten Schritt Ihrem Auftraggeber vorlegen müssen: einen, der seine Prioritäten wahrt.

Checkliste: Eckdaten klären

Nachdem Sie Zielklärung betrieben haben, klären Sie Termine und Kosten mit dem Auftraggeber:

- Gibt es feste Vorgaben (Messetermine, Zusagen gegenüber Kunden, ...)? Gibt es Limits für Budget, Aufwand, Manpower?
- Wenn nicht: Welche Vorstellungen von Größenordnungen bezüglich Kosten und Terminen hat der Auftraggeber?
- Machen Sie keine sofortigen Zusagen, nehmen Sie sich Zeit für die Vorkalkulation.
- Welche Prioritäten setzt Ihr Auftraggeber bezüglich Lösung, Termin, Kosten?

2 Auftragsklärung: Mehr Klarheit, mehr Erfolg

8. Spezialfall: Das unmögliche Projekt

Projekt nicht gleich „abschießen"

Je heftiger der Druck in einer Branche oder in einem Unternehmen, desto häufiger passiert es, dass Projektleiter schon bei der Auftragsklärung spüren: „Das wird ein Himmelfahrtsprojekt – das ist selbst unter Idealbedingungen undurchführbar." Das kann passieren. Was auf keinen Fall passieren darf: dass Sie Ihrem Auftraggeber dies ins Gesicht sagen. Das ist Karriereselbstmord. Der Auftraggeber schwelgt euphorisch auf Wolke sieben – je undurchführbarer das Projekt, desto größer die Euphorie – und Sie schießen ihn einfach ab. Das muss er übel nehmen. Außerdem: Sie können ihn nicht von der Fruchtlosigkeit seiner Idee überzeugen, weil Ihnen dazu das Argumentationsmaterial fehlt.

Verfallen Sie auch nicht ins andere Extrem und schlucken Sie die Kröte. Tun Sie beides: Zustimmen – und gleichzeitig zur Vorsicht mahnen. Zum Beispiel so: „Das ist wirklich eine gute Projektidee. Ich sehe da lediglich Probleme mit … Aber das kalkuliere ich erst mal gründlich durch." Dann gehen Sie raus und legen sich das Argumentationsmaterial zurecht, mit dem Sie ihn sacht, aber bestimmt davon überzeugen, dass er sich mit so einem Projekt keine Freunde macht.

9. Spezialfall: Falscher Dampfer

„Das geht doch nicht"

Wenn Sie schon einige Projekte hinter sich gebracht haben, werden Sie ein seltsames Phänomen beobachtet haben: Während der Auftraggeber über seine Idee spricht, entsteht in Ihrem Kopf bereits ganz automatisch und unbewusst eine Skizze der Lösung für die Projektaufgabe – und dann verkündet der Auftraggeber seine Termin- und Kostenvorstellungen. Sofort denken Sie: „Das geht doch gar nicht!" Wenn Sie kaum Projekterfahrung haben, sagen Sie ihm das womöglich noch. Oder Sie schlucken und versuchen das Unmögliche möglich zu machen. Beides sind keine guten Lö-

2 Was es bringt: Auftragsklärung

sungen. In beiden Fällen denken Sie vielleicht: „Er will Unmögliches!" Das ist nicht korrekt. Korrekt ist vielmehr:

- Die Kosten und Termine, die er im Kopf hat, passen nicht zur Lösung, die Sie im Kopf haben.

Also machen Sie es passend. Sie können natürlich über Kosten und Termine verhandeln: „Ich habe ungefähr folgende Lösung im Kopf: ... Für diese Lösung bräuchte ich aber mehr Zeit und mehr Budget."

Es geht doch, wenn man ...

Sie können jedoch auch Ihre Lösung so modifizieren, dass sie zu den Vorstellungen Ihres Auftraggebers passt. Das ist Ihre Aufgabe für die Zeit nach der Auftragsklärung:

- Suchen Sie die Lösung, die zu den Kosten und Terminen passt.

Finden Sie keine, können Sie das im nächsten Gespräch dem Auftraggeber mitteilen – dann haben Sie auch genügend Argumentationsmaterial, um ihn zu überzeugen.

10. Was es bringt: Auftragsklärung

Alles, was Sie in diesem Kapitel gelesen haben, wird Ihnen absolut vernünftig, einfach und durchführbar erscheinen. Trotzdem bewerkstelligen lediglich erfahrene Projektleiter eine gute Auftragsklärung. Vorurteile sind stärker als die Vernunft. Selbst der Top-Projektleiter eines Computer-Unternehmens sagt: „Ich muss mich jedes Mal dazu ermahnen, einen Auftrag ordentlich zu klären." Gerade deshalb ist er der beste Projektleiter seines Unternehmens: Er hat die Disziplin, ständig an seinen Vorurteilen zu arbeiten. Hier die häufigsten Vorurteile, die Sie überwinden müssen, um eine saubere Auftragsklärung zu erreichen:

Vorurteile und Ängste überwinden

- „Ach, so ausführlich muss das doch nicht sein, viele Fragen klären sich auch später noch."

    Dann ist es zu spät. Wer bei der Auftragsklärung schlampt, büßt das übers ganze Projekt hinweg mit Arbeit für den Pa-

2 *Auftragsklärung: Mehr Klarheit, mehr Erfolg*

pierkorb, Konflikten mit dem Auftraggeber, Ressourcen- und Zeitverschwendung, Ärger und Rückschlägen.

- „So viel Zeit habe ich nicht!"

Irrtum, die Auftragsklärung kostet weniger Zeit, als sie spart. Eine Projektleiterin sagte mal: „Jede Minute, die ich bei der Auftragsklärung spare, kostet mich im Projekt einen Personentag Verzögerung."

- „So eine Auftragsklärung ist doch auch problematisch."

Die Auftragsklärung ist kein Problem, sie erspart Ihnen Probleme.

Also überwinden Sie Ihre Vorurteile, Ihre Schwellenangst und Ihre Furcht vor großen Tieren. Denn Projekte mit guter Auftragsklärung sind rein statistisch betrachtet

- eindeutig schneller, kostenärmer und zieltreuer sowie
- stressärmer und problemfreier für das Projektteam

als Projekte „ohne". Denken Sie einfach an einen guten Handwerksmeister, der komplett ausgestattet auf der Baustelle erscheint. Sein Kollege, der sich nicht so gut vorbereitet hat, muss alle Nase lang in die Werkstatt fahren, um vergessenes Werkzeug zu holen – das kostet Zeit, Geld, Erfolg und Nerven.

> **Profi-Tipp:**
> Nur mit einer guten Auftragsklärung haben Sie die Chance, Ihre Termine und Kosten zu halten und Ihr Projektziel zu erreichen.

11. Turbo-Check: Auftragsklärung

Turbo-Check:

Auftragsklärung vorbereiten

- Ihr Auftraggeber weiß nicht, was er will? Ärgern Sie sich nicht, klären Sie den Auftrag genau und nehmen Sie sich Zeit dafür.
- Ein Manager muss wissen, was er will? Nein, muss er nicht. Denn dafür hat er Sie, den Projektleiter.
- Ein Auftraggeber muss Ihnen sagen, was Sie wissen müssen? Nein, muss er nicht. Sie müssen ihn nach allem fragen, was Sie wissen müssen, um einen guten Job zu machen.
- Gehen Sie niemals davon aus, dass der Auftraggeber alles besser weiß. Er weiß es nicht. Gehen Sie generell davon aus, dass Projektideen nicht hundertprozentig durchdacht sind.
- Ein klarer Projektauftrag ist nicht Bringschuld des Auftraggebers, sondern Holschuld des Projektleiters.
- Sie als „kleiner Projektleiter" können den „großen Boss" nicht einfach so ausfragen? Vergessen Sie das schnell. Ihr Auftraggeber braucht einen Partner, keinen Sklaven.
- Sie sind noch kein vollwertiger Partner? Dann wachsen Sie an der Aufgabe. Arbeiten Sie an der passenden Einstellung.
- Ihr Auftraggeber hat für eine Auftragsklärung einen übervollen Terminkalender? Dann sorgen Sie dafür, dass Ihr Projekt in diesen Terminkalender hineinkommt. Da gehört es nämlich hin.
- Legen Sie sich eine konstruktive Einstellung für die Auftragsklärung zu: Sinn-Vermutung, professionelle Neugier, Dienstleister, ... was wählen Sie?

2 *Auftragsklärung: Mehr Klarheit, mehr Erfolg*

> **Turbo-Check:**
>
> **Auftragsklärung durchführen**
>
> - Stellen Sie die Zielfrage: Was soll mit dem Projekt erreicht werden?
> - Formulieren Sie aus der entsprechenden Antwort Ihre Projektziele.
> - Trennen Sie ganz klar zwischen Lösungen und Zielen.
> - Machen Sie Ihre Ziele messbar: An welcher Maßzahl merken Sie, dass Sie Ihre Projektziele herausragend, mittelmäßig oder schlecht erreicht haben?
> - Entlocken Sie dem Auftraggeber seine Prioritäten.
> - Geben Sie sich erst zufrieden, wenn zumindest Größenordnungen für Termine und Kosten auf dem Tisch liegen.

Kontextklärung: Widerstände managen

3

1. Lassen Sie sich nicht von
   Widerständen überraschen 56

2. Mit Widerständen umgehen:
   Kontextklärung 59

3. Den Kontext gestalten:
   Desinteressierte interessieren 67

4. Machen Sie aus Gegnern
   Verbündete 68

5. Kontextgestaltung bei Skeptikern ... 70

6. Turbo-Check:
   Widerstände managen 75

*Ich finde mein Projekt super –
nur die anderen finden das nicht.*

Frustrierter Projektleiter

1. Lassen Sie sich nicht von Widerständen überraschen

Die meisten Projektleiter sind sehr engagiert. Sie widmen ihre kostbare Zeit dem Projekt, identifizieren sich mit ihm, machen es zu ihrem „Baby". Sie sind so von ihrem Projekt überzeugt, dass sie automatisch annehmen, alle anderen im Unternehmen müssten das auch sein. Denn schließlich ist ihr Projekt eine gute Sache für das Unternehmen! Doch das Gegenteil ist der Fall: Die Kollegen und Führungskräfte,

- die das Projekt interessieren müsste, interessiert es nicht;
- die mitarbeiten müssten, möchten nicht mitarbeiten.

Druck von allen Seiten

Manche opponieren sogar offen gegen das Projekt! Das Projekt ist also nicht nur Druck durch Kunden und Auftraggeber ausgesetzt, sondern auch noch aus den eigenen Reihen! Wie reagieren Projektleiter auf Widerstände aus den eigenen Reihen? Regelmäßig überrascht. Sie können es einfach nicht fassen, dass sich die eigenen Leute gegen sie stellen. Darüber ärgern sie sich. Deshalb versuchen sie, es einfach ohne diese „Betonköpfe und ewigen Skeptiker" zu schaffen. Das ist immer ein Fehler.

> In der Regel ist es extrem schwierig bis unmöglich, ein Projekt gegen den Widerstand aus den eigenen Reihen erfolgreich zu Ende zu bringen.

Selbst wenn ein Projekt technisch machbar, finanzierbar und termintreu möglich wäre, nützt das alles nicht viel, wenn der Faktor Mensch einen Strich durch die Rechnung macht:

> Widerstände aus den eigenen Reihen werden in ihren gravierenden Folgen für das Projekt meist unterschätzt.

3
Lassen Sie sich nicht von Widerständen überraschen

Am anfälligsten sind übrigens Projektleiter, die gerne und viel planen: Je stärker die Widerstände sind, auf die ihr Projekt trifft, desto stärker flüchten sie sich in ihre Planung. Denn wenigstens in ihrer Planung ist die Welt noch in Ordnung. Vermeiden Sie diese Realitätsflucht. Stellen Sie sich der Realität.

Erst die Menschen, dann der Plan

- Verstecken Sie sich nicht vor Widerständen: Bewältigen Sie sie!

Die Konsequenzen des Widerstands am Failbeispiel

Wenn Sie sich nicht länger vom Widerstand überraschen lassen, werden Sie feststellen: Widerstand aus den eigenen Reihen ist nicht die Ausnahme, sondern die Regel. Da bringt das Projektteam etwas wirklich Vorzeigbares zustande und dann

- zeigen die Nutzer dem Projektergebnis die kalte Schulter

  oder

- es hat jeder mittelbar oder unmittelbar Beteiligte etwas am Ergebnis auszusetzen.

Oft genug haben Projektleiter dabei den Eindruck, dass die Einwände nicht inhaltlich begründet sind. Die Leute lehnen das Projektergebnis ganz offensichtlich nicht ab, weil es mangelhaft wäre, sondern weil sie es ablehnen wollen. Betrachten wir ein typisches Beispiel dafür. Ein Chemie-Unternehmen möchte ein neues E-Mail-System einführen. Der Projektleiter ist ein ausgewiesener Fachmann, der seinen ganzen Ehrgeiz daran setzt, das bestmögliche System zu konzipieren. Als das neue System einsatzbereit ist, möchte er das alte abschalten. Da erhebt sich stürmischer Widerstand an der Basis. Jeder kleine Gruppenleiter hat etwas an dem neuen System auszusetzen. Einige der Linienfürsten (siehe auch Glossar) aktivieren ihren Draht zur Geschäftsleitung und lassen das neue System stoppen.

Niemand will meine gute Lösung

Der Projektleiter findet die Einwände teilweise recht unsinnig, ist jedoch unter dem Druck von oben gezwungen, nachzubessern – ganze zwei Jahre lang. Am Ende wird das völlig verunstaltete Sys-

Neverending Story

3 Kontextklärung: Widerstände managen

tem endlich akzeptiert. Am Ende ist auch der Projektleiter am Ende. Der Widerstand aus den eigenen Reihen hat ihn zwei Jahre und sein Ansehen im Unternehmen gekostet. Und warum das alles? „Weil die Leute einfach nicht die Vorteile des neuen Systems kapiert haben." Stimmt das? Das weiß niemand so recht. Was aber jeder mit absoluter Sicherheit weiß: Mit dieser Einstellung ist der Projektleiter auch im nächsten Projekt schutzlos dem Beschuss aus den eigenen Reihen ausgesetzt. Warum? Weil er offensichtlich keine wirksame Strategie entwickelt hat, sich mit Widerständen effektiv auseinander zu setzen. Diese Lage teilen viele Projektleiter:

> Die meisten Projektleiter können nicht mit Widerstand aus den eigenen Reihen umgehen.

Deshalb tun sich viele so schwer damit. Ihnen fehlt nicht nur eine wirksame Strategie zum Umgang mit Widerstand. Nein, sie fallen darüber hinaus noch auf Ablenkungsmanöver herein, die sie davon abhalten, eine wirksame Strategie zu entwickeln. Eines davon ist das politische Ablenkungsmanöver.

Ablenkungsmanöver: „Das ist doch politisch!"

Auf die „Politik" schieben hilft nicht

„Ach was", sagt unser Projektleiter mit dem E-Mail-System. „Die ganzen Einwände sind doch sachlich unhaltbar. Die sind rein politisch motiviert. Denen stinkt es einfach, dass das Management sich über ihre Köpfe hinweg für das neue System entschieden hat. Und jetzt schießen sie gegen mich, weil sie nicht gegen die Geschäftsführung schießen können." Davon sind die meisten Projektleiter überzeugt, wenn sie auf internen Widerstand stoßen: „Das ist doch völlig irrational. Das passt doch nur irgendeinem Wichtigtuer in der Hierarchie nicht!" Das mag teilweise richtig sein, doch das ist nicht die Frage.

Die Frage ist: Wohin führt so eine Einstellung? Sie führt direkt in die Polarisierung: „Wir hier, die dort. Wir Fachleute gegen diese borniertenLaien." Aus dieser Einstellung folgt zwangsläufig die Isolation, in der sich viele Projektgruppen befinden. Bestes Beispiel

3 Mit Widerständen umgehen: Kontextklärung

dafür sind die IT-Abteilungen, die in vielen Unternehmen isolierter nicht sein könnten.

Aus dieser Isolation ergibt sich ein riesiges Eskalationspotenzial. Je abfälliger man über die Widerstandsträger denkt und mit ihnen umgeht, desto emotionaler werden die Diskussionen, desto größer die Verbitterung auf beiden Seiten. Beide Seiten hören sich nicht mehr zu und machen sich gegenseitig Vorwürfe: „Die IT-Leute liefern einfach nicht, was wir brauchen." „Die Leute in den Fachabteilungen (ersatzweise: die Kunden) haben nicht verstanden, wie gut das neue System ist."

„Die wollen sowieso nie"

> Das politische Ablenkungsmanöver verhindert Widerstand nicht, es intensiviert ihn.

Diese oft jahrelang dauernden Streitereien führen zum typischen Projektfatalismus: „Die ... (Kunden, Nutzer, Auftraggeber, ...) wissen ohnehin nicht, was sie wollen. Also ist es egal, was wir ihnen geben. Die beschweren sich doch so oder so!" Daraus entwickelte sich inzwischen eine verbreitete Überlebensstrategie in Projektgruppen: „Augen zu und durch!" Diese Strategie ist verständlich. Sie hat leider hohe Kosten: starke Anfeindungen von außen, deshalb großer Stress, ständig Streitereien, kaum jemals Anerkennung, starke Ablehnung der Projektgruppe und ihrer Ergebnisse, endloser Frust, hoher Zeitverlust wegen vieler Nacharbeiten und dadurch noch mehr Druck. Es liegt in der Hand des Projektleiters, dies alles abzustellen.

„Die meckern immer"

2. Mit Widerständen umgehen: Kontextklärung

Dass so viele Projekte von Widerständen aus den eigenen Reihen ausgebremst werden, liegt nicht so sehr daran, dass die Nutzer die Vorteile des Projektes nicht verstanden hätten oder politische Einwände erheben würden. Vielmehr gehen viele Projektleiter ziemlich blauäugig mit Widerstand um und sind nicht angemessen darauf vorbereitet.

3 Kontextklärung: Widerstände managen

> **Profi-Tipp:**
> Der größte Fehler ist, auf Widerstand nicht vorbereitet zu sein. Widerstände sind kein Problem, wenn Sie vorbereitet sind.

Andere sehen Ihr Projekt anders

Es ist zwar ärgerlich, wenn Sie ausgerechnet von Kollegen ausgebremst werden. Noch viel ärgerlicher, weil völlig vermeidbar, ist jedoch, wenn Sie nicht darauf vorbereitet sind. Dabei ist eine wirksame Vorbereitung denkbar einfach. Fragen Sie sich: Aus welcher Ecke können wir mit welchen Widerständen rechnen? So erstaunlich das klingt: Weil sie sich diese einfache Frage nicht stellen, geraten Projektleiter in Schwierigkeiten. Sich zu fragen, aus welcher Ecke man Widerstand erwarten kann, heißt im Projektmanagement kurz Kontextklärung. Der Zusammenhang zwischen Kontextklärung und Widerstand ist einfach:

> Je unklarer Ihnen Ihr Projektkontext ist, desto höher ist Ihr Risiko, auf Widerstände zu stoßen. Je besser Sie den Kontext kennen lernen, desto stärker sinkt Ihr Widerstandsrisiko.

Die vier Schritte der Kontextklärung

- Liste aller Projekt-Betroffenen
- Interessen-Übersicht
- Identifikation potenzieller Interessenkonflikte
- Abbau von Widerständen

3 Mit Widerständen umgehen: Kontextklärung

Je kompetenter Sie Ihre Kontextklärung durchführen, desto weniger werden Sie und Ihr Projekt unter Widerständen leiden. Eine gute Kontextklärung ist einfach, sie stellt lediglich vier Fragen:

- Wer ist überhaupt vom Projekt betroffen (und kommt daher als potenzieller Bedenkenträger in Frage)?
- Was wollen Sie von denen und was wollen die von Ihnen?
- Bei wem ergeben sich aus diesen Interessenunterschieden potenzielle Widerstände?
- Wie reduzieren Sie diese Widerstände am besten?

Wer ist vom Projekt betroffen?

Je besser Ihre Kontextklärung, desto weniger Widerständen werden Sie begegnen. Für die Kontextklärung ist es zunächst notwendig, dass Sie die eigenen Reihen kennen lernen. Also fragen Sie sich:

- Wer ist vom Projekt betroffen?

Denn jeder Betroffene ist ein potenzieller Bedenkenträger. Um sich einen Überblick über die potenziellen Widerstände gegen Ihr Projekt zu verschaffen, listen Sie sämtliche Auftraggeber, Benutzer, Teammitglieder, Produzenten, Supporter, Service-Leute etc. auf. Eben jene Menschen, die unmittelbar oder mittelbar mit Ihrem Projekt in Kontakt kommen werden:

Projekt-Betroffene

- Benutzer
- Auftraggeber
- Marketing
- Support
- Einkauf
- Personalabteilung
- ...

Wer könnte Schwierigkeiten machen?

3   Kontextklärung: Widerstände managen

Schon hier zeigt sich meist, dass man immer ein oder zwei Beteiligte oder Gruppen von Betroffenen bislang übersehen hat. Das ist nicht gut. Denn es ist gefährlich, potenzielle Bedenkenträger zu übersehen.

Was wollen Sie und was wollen die anderen?

Sie haben nun Ihre Liste sämtlicher unmittelbar und mittelbar vom Projekt Betroffenen. Welche von diesen werden Widerstände entwickeln? Das hängt lediglich von zwei Dingen ab. Es hängt davon ab,

a) was Sie von den Betroffenen wollen,

b) was diese von Ihnen wollen.

Was sind die Interessen?

Passt beides zusammen, werden Sie keine Widerstände erleben. Ergibt sich jedoch ein Widerspruch zwischen beiden Interessen, werden Sie diesen Widerspruch als Widerstand erleben – oder diesen Widerspruch beheben, noch bevor Widerstand entsteht. Je nachdem, wofür Sie sich entscheiden.

Gehen Sie dabei systematisch vor. Es wäre ärgerlich, wenn Sie potenziellen Widerstand übersehen würden. Listen Sie dazu einfach beide Interessen auf, am besten direkt in die vorhandene Liste der potenziellen Bedenkenträger:

Kontextklärung – die Interessenübersicht		
Projekt-Betroffene	Was ich von ihnen brauche	Was sie von mir wollen
Benutzer	■ Akzeptanz unseres Projektergebnisses ■ sie müssen sich auf etwas Neues einstellen	■ einfache Bedienung ■ einige wollen einfach nichts Neues lernen
Auftraggeber	■ Abnahme ■ 50 000 Euro	■ bahnbrechendes Produkt ■ möglichst geringe Kosten
...	...	...

3 Mit Widerständen umgehen: Kontextklärung

Die meisten Projektleiter machen einen Fehler bei der ersten Frage: Was will ich von den Betroffenen? Sie denken zu materialistisch. Sie denken an Arbeitsmittel oder Daten, die sie von einer bestimmten Zielgruppe brauchen. Doch das greift zu kurz. Prüfen Sie darüber hinaus, ob Sie von der Zielgruppe folgendes benötigen:

- spezielle Mitarbeiter
- Zeit
- Budget
- Akzeptanz
- offizielle Freigabe
- Unterstützung
- Wohlwollen etc.

Das Beispiel unseres Projektleiters, der ein neues E-Mail-System entwerfen sollte und die auftretenden Widerstände als „politisch" abtat, beging einen Kapitalfehler der Kontextklärung. Er dachte zu materialistisch. Er übersah, dass er von den Benutzern Akzeptanz für sein Projekt benötigt. Von außen betrachtet ist das ein unvorstellbarer Fehler. Von innen betrachtet wissen wir jedoch: Die Akzeptanz wird von den meisten Projektleitern übersehen. Sie gehen einfach davon aus, dass die Akzeptanz sich von selbst einstellt, weil das Projekt doch „so toll ist!". Vielleicht für das Projektteam. Aber nicht für die Betroffenen. Wenigstens ist es gefährlich, davon auszugehen.

Was brauchen die anderen?

- Akzeptanz ist nicht einfach da. Sie muss erarbeitet werden.

Menschen akzeptieren Ihr Projekt nicht allein deshalb, weil sie im gleichen Unternehmen arbeiten. Sie akzeptieren es erst, wenn sie sehen, dass es ihren Interessen dient. Viele Projektleiter sind dabei zu voreilig: „Ist doch klar, was die von mir wollen – schnellere Durchlaufzeiten!" Irrtum! Für die Interessen der Betroffenen gilt immer noch:

3 Kontextklärung: Widerstände managen

> Interessen sind nicht das, was Sie dafür halten, sondern das, was die Betroffenen tatsächlich interessiert.

Nicht in die eigene Tasche lügen

Viele Projektleiter lügen sich an diesem Punkt selbst in die Tasche: „Was mich am Projekt interessiert, interessiert auch die anderen." Das ist ein Irrtum. Versuchen Sie nicht, die Interessen der Betroffenen zu erraten. Fragen Sie sie lieber. Die Leute kennen ihren eigenen Nutzen am besten. Fragen hat noch nie geschadet.

Sobald Sie diesen Schritt der Kontextklärung tatsächlich einmal durchgeführt haben, wird Ihnen ein erstaunlicher Effekt begegnen: Sie halten einige Zielgruppen nicht mehr für gnadenlose Idioten. Sie werden erkennen, dass ihre Einwände eben nicht „politisch" oder einfach nur dumm sind. Vielmehr werden Sie erkennen:

> Menschen verhalten sich absolut logisch in Bezug auf ihre jeweiligen Interessen.

Wenn Sie diese Interessen kennen, können Sie daraus ganz logisch jeden denkbaren Widerstand ableiten, den ein Betroffener gegen Ihr Projekt entwickeln könnte – noch bevor der Betroffene selbst diesen Einwand überhaupt ausspricht. Mehr noch: Sie lernen, die Bedenkenträger zu verstehen. Sie erkennen, dass der vormals „blöde Heini" gar kein Idiot ist, weil Sie sich aus seiner Interessenlage heraus wahrscheinlich genau so verhalten würden. Sind Sie erst einmal zu dieser Erkenntnis gelangt, haben Sie einen großen Vorteil für Ihre Verhandlungen gewonnen: Sie verstehen Ihren Verhandlungspartner.

Bei wem könnte es Widerstände geben?

Allein schon aus der Interessen-Übersicht (s.o.) erkennen Sie oft schon auf den ersten Blick, wo Sie mit Widerständen rechnen können oder müssen. Verschaffen Sie sich den nötigen Überblick in einer vierten Spalte der Interessen-Übersicht:

Mit Widerständen umgehen: Kontextklärung 3

- ☺ von hier kommt Unterstützung
- ☺ diese sind neutral bis gleichgültig
- ☹ hier ist Widerstand zu erwarten

Kontextklärung – Die Widerstands-Übersicht			
Projekt-Betroffene	Was ich von ihnen brauche	Was sie von mir wollen	Zu erwartende Widerstände
Benutzer	■ Akzeptanz unseres Projektergebnisses ■ sie müssen sich auf etwas Neues einstellen	■ einfache Bedienung ■ einige wollen einfach nichts Neues lernen	☺ ☹
Auftraggeber	■ Abnahme ■ 50 000 Euro	■ bahnbrechendes Produkt ■ möglichst geringe Kosten	☺ ☹
…	…	…	

Mit dieser Übersicht erkennen Sie, aus welcher Ecke Sie Widerstand erwarten können. Das ist nützlich. Denn so können Sie diese Widerstände antizipieren und sich entsprechend darauf vorbereiten. Mehr benötigen Sie in den meisten Fällen nicht, um Widerstände zu klären. Ein bisschen Voraussicht und etwas Verhandlungsgeschick.

Das war's schon. Mehr brauchen Sie nicht für die Kontextklärung, um sich viele unliebsame Überraschungen zu ersparen. Wenn das so einfach ist, warum machen das dann nicht alle Projektleiter?

3 Kontextklärung: Widerstände managen

Warum machen das dann nicht alle?

Warum wird in so vielen Projekten keine Kontextklärung gemacht, obwohl es so einfach ist? Warum werden stattdessen komplette Projekte einfach an internen und externen Zielgruppen vorbei entwickelt? Weil es sehr viel bequemer ist, sich nicht mit Widerständen auseinander zu setzen:

„Das verkompliziert die Sache doch nur."

„Die wissen doch sowieso nicht, was sie wollen!"

Wollen Sie wirklich wissen, was andere erwarten?

Im Gegenteil, jeder Mensch weiß, was er will, oder zumindest, was er nicht will. Wer das Gegenteil behauptet, hat einfach keine Lust, diese Wünsche zu erfragen. Und das aus gutem Grund: Niemand möchte hören, was ihm zusätzlich Aufwand macht oder was er möglicherweise nicht leisten kann. Das fühlt sich schlecht an, das möchte man vermeiden. Ich möchte mit meinem Projekt vorankommen und mich nicht von Zweiflern, Bremsern und Nörglern aufhalten lassen. Ein verständlicher Wunsch, der leider hohe Kosten mit sich bringt:

> Je weniger Sie sich beim Projektstart von Widerständlern „aufhalten" lassen, desto länger werden Sie sich am Projektende von ihnen aufhalten lassen müssen.

Denn die Zielgruppen geben ihre Widerstände nicht bloß deshalb auf, weil Sie diese ignorieren. Im Gegenteil: Was man ignoriert, intensiviert sich. Die Widerstände eskalieren – und das hat allein der Projektleiter provoziert. Glücklicherweise muss man kompetenten Projektleitern gegenüber lediglich diese Rechnung aufmachen: ein wenig Zeit für Widerstand am Projektstart bedeutet viel Zeitersparnis für den Umgang mit Widerstand am Projektende. Damit erkennen Projektleiter den investiven Charakter der Kontextklärung und gehen eigentlich recht gern die Kontextklärung an:

- Machen Sie für sich die Rechnung auf
- Klären Sie den Kontext

Den Kontext gestalten: Desinteressierte interessieren **3**

Widerstände managen in zwei Schritten	
Kontext klären: - Liste aller Betroffenen - Interessen-Übersicht - Widerstands-Übersicht	**Kontext gestalten bei:** - Desinteressierten - Feinden - Skeptikern

3. Den Kontext gestalten: Desinteressierte interessieren

Die Widerstände, die Sie in der Widerstands-Übersicht (s.o.) markiert haben, fallen nicht immer gleich heftig aus. Es erleichtert Ihnen die Arbeit, die Intensität der potenziellen Widerstände zu unterscheiden.

Widerstand tritt auf als
- Desinteresse,
- Skepsis und
- Widerspruch.

Die schwächste Form von Widerstand ist Desinteresse. Desinteressierten ist Ihr Projekt egal. Sie brauchen als Projektleiter zwar deren Unterstützung, doch die Desinteressierten sagen: „Wissen Sie, ich habe Wichtigeres zu tun!" Wie überreden Sie diese Desinteressierten zum Engagement? Gar nicht. Denn Sie wissen ja: actio = reactio. Je stärker man jemanden überreden will, also Druck ausübt, desto stärker wird der Gegendruck. Veranstalten Sie kein Armdrücken. Gehen Sie der Sache lieber auf den Grund:

Menschen reagieren desinteressiert, wenn ein Angebot ihnen nicht attraktiv genug erscheint.

Also machen Sie Ihr Projekt einfach attraktiver. Nein, Sie sollen keine bunten Luftballons aufhängen. Denn die mangelnde wahrge-

3

Kontextklärung: Widerstände managen

nommene Attraktivität eines Projektes liegt selten am Projekt selbst. Sie liegt vielmehr an der Wahrnehmung des Desinteressierten: Er sieht gar nicht, was er alles von Ihrem Projekt haben könnte. Also machen Sie es ihm deutlich!

Wie motivieren?

Was erwartet er sich denn idealerweise von Ihrem Projekt? Wie können Sie es ihm geben? Wie können Sie ihm klarmachen, dass es bereits im Projekt steckt? Was hat er von Ihrem Projekt, was er noch nicht sieht? Welche Extrawürste können Sie ihm ohne viel Aufwand braten? Je höher Ihre Gesprächskompetenz in Sachen Nutzenargumentation, desto höher sind dabei Ihre Erfolgsaussichten.

Puffer lassen

Was aber passiert, wenn Sie es nicht schaffen, „den Affen vom Baum zu locken"? Dann verpflichten Sie ihn einfach auf seinen Pflichtbeitrag zum Projekt, den er allein deshalb leisten muss, weil er eben Marketing-Mensch oder Produktioner ist – und planen Sie ausreichend Pufferzeiten für diesen desinteressierten Kandidaten ein. Denn Sie können nicht von ihm erwarten, dass er rechtzeitig oder vollständig seine Aufgaben abliefert. Zum Umgang mit Puffern lesen Sie mehr in Kapitel 5.

So trivial das klingt: Viele Projektleiter tun exakt das nicht. Sie beißen die Zähne zusammen und versuchen, es „trotzdem", das heißt ohne Puffer, zu schaffen. Das ist Unfug. Das ist ein Ignorieren der Realität. Mit einem widerwilligen Mitarbeiter kann man nicht planen wie mit einem engagierten. Akzeptieren Sie die Realität! Das ist das Mindeste, was Sie für Ihr Projekt tun können.

4. Machen Sie aus Gegnern Verbündete

Gegner hat (fast) jedes Projekt. Das sind Beteiligte, die zwar dagegen sind, aber mitarbeiten müssen. Das ist normal. Nicht normal ist, wie unerfahrene Projektleiter darauf reagieren: sie

3 Machen Sie aus Gegnern Verbündete

- legen ohne den Gegner schon mal los und versuchen, „drumherum" zu arbeiten,
- spielen den Helden und übernehmen auch noch die Aufgabe des Gegners,
- laufen ständig mit heraushängender Zunge hinter dem Gegner her.

Diese beliebten Scheinlösungen zeichnen sich durch einen Riesenaufwand, wenig Ertrag, hohes Risiko, geringe Qualität und großen Frust aus. Nicht selten brennen Projektleiter darüber aus. Reden Sie also mit Ihrem Gegner.

Auf diese Idee kommen noch die meisten Projektleiter. Leider setzen sie die Idee meist kläglich um: Sie versuchen, den Gegner zu überreden, indem sie ihm die vielen Vorteile ihres Projektes aufzählen.

Sie können nur jemanden überzeugen, den Sie verstehen

Also fragen Sie Ihren formidablen Gegner nach den Gründen seiner Ablehnung: Warum? Sind es sachliche Gründe, zum Beispiel andere Prioritäten? Oder unterschiedliche Interessen und Ziele? Das Mindeste, was Sie tun können, ist, den Gegner zu verstehen. Erst dann können Sie überzeugend argumentieren. Führt diese Argumentation zu nichts, machen Sie die Aufgabe, die der Gegner erledigen sollte, nicht selbst, arbeiten Sie auch nicht „drumherum", sondern gehen Sie schnurstracks zu Ihrem Auftraggeber und sagen: „Von Marketing kriegen wir nicht die geplante Unterstützung, und zwar aus folgenden Gründen: ..." Sie haben gegenüber dem Gegner keine Weisungskompetenz. Solche disziplinarischen Dinge überlassen Sie dem Auftraggeber. Das ist seine Sache. Das weiß er auch (meist).

Nachfragen: Woher kommt die Energie für den Widerstand?

Wenn Ihnen wirklich etwas an Ihrem Projekt liegt und wenn Sie gut verhandeln können, ziehen Sie noch eine Karte, bevor Sie zum Auftraggeber gehen. Fragen Sie den Gegner: „Ich verstehe, dass

Gemeinsame Lösungen finden

3
Kontextklärung: Widerstände managen

Sie nicht mitarbeiten können. Gäbe es trotzdem irgendeine Möglichkeit, wie Sie es doch noch möglich machen könnten?" Meist bietet der Gegner dann einen Preis an – jeder hat seinen Preis in Form einer konkreten Gegenleistung oder eines Sonderwunsches. Und meist können Sie diesen Preis sogar bezahlen. Die Frage ist: Möchten Sie diese Gegenleistung erbringen? Das ist eine Entscheidung, zu der Sie auch den Auftraggeber hinzuziehen können.

5. Kontextgestaltung bei Skeptikern

Wenn Sie ein erfahrener Projektleiter sind, denken Sie bei der Kontextklärung nicht nur an die direkt Beteiligten, sondern auch an die mittelbar Betroffenen. Typisch dafür sind die User, die Endanwender. Ein erfahrener Projektleiter weiß:

> Der Endanwender muss nicht mitarbeiten, aber ich bin auf seine Akzeptanz angewiesen.

Überreden bringt nichts

Zeigt der Endanwender Akzeptanz? Nein. Was er zeigt, sind im Regelfall Skepsis und Befürchtungen. Natürlich wollen sie alle das neue Produkt oder Programm, aber ... Und dann kommen mindestens ein Dutzend Vorbehalte. Auf diese Vorbehalte reagieren unerfahrene Kollegen entweder mit Ignorieren der Skepsis. Wir haben gesehen, wozu das führt: zur Eskalation der Einwände bis hin zum Boykott. Oder sie reagieren, indem sie versuchen, die Skeptiker zu überreden: „Leute, schaut doch mal, das Neue ist doch klar besser!"

Hilft das? Nein, aber das verstehen viele Projektleiter nicht. Sie glauben, weil sie der Fachmann seien, werde ihnen geglaubt. Meist ist das Gegenteil der Fall: „Was der da erzählt, stimmt sowieso nicht. Der hat doch keine Ahnung von unserer Arbeit." Warum wird den Fachleuten nicht geglaubt?

> Wer Skepsis nicht ernst nimmt, dem wird auch nicht geglaubt – egal, ob er ein Experte ist oder nicht.

3 Kontextgestaltung bei Skeptikern

„Leute, schaut doch mal, das Neue ist doch klar besser!" heißt nichts anderes als: „Ihr irrt euch." Und das lässt sich kein normaler Mensch sagen, ohne Widerstand zu entwickeln. Und Widerstand gegen Ihr Projekt ist nun wirklich das Letzte, was Sie provozieren sollten.

Einwandbehandlung

Skeptiker erheben Einwände, und mit Einwänden können Projektleiter selten so umgehen, wie es für ihr Projekt gut wäre. Umgekehrt gilt: Je besser Sie mit Einwänden umgehen können, desto schneller und leichter kriegen Sie Skeptiker ins Boot und können in Ruhe wieder Ihrer Arbeit nachgehen.

> Viele Projektleiter haben große Defizite bei der Einwandbehandlung.

Warum? Projektleiter sind oft keine Fachleute für Kommunikation. Hinzu kommt, dass viele Projektleiter gar keine Kommunikations-Experten sein möchten, denn sie glauben: „Was soll ich groß reden? Die Sachargumente sprechen doch für sich." Das ist ein Irrtum, dessen Entlarvung wir jeden Tag aufs Neue beobachten können: Sachargumente beseitigen keine Einwände, sie provozieren Widerstand. Dabei ist eine gute Einwandbehandlung ganz leicht. Sie müssen im Grunde nur fünf Kardinalfehler, die wir im Folgenden betrachten werden, vermeiden lernen – denn das Vermeiden der Fehler ist reine Trainingssache:

Sachargumente ziehen nicht

- Ignorieren
- Argumentieren
- Aufregen
- Überzeugen
- Spotten

3 Kontextklärung: Widerstände managen

Nicht ignorieren, nicht argumentieren

Seien Sie pro-aktiv

Es klingt erstaunlich, doch viele Projektleiter ignorieren Einwände ganz einfach. Und das mit Grund: „Die Leute beschweren sich doch sowieso, egal was wir tun. Also was soll's! Da verliert man doch nur unnötig Zeit und Energie." Wie wir inzwischen mehrfach gesehen haben, ist das eine verhängnisvolle Taktik, denn:

- Was man ignoriert, intensiviert sich.

Sie verlieren mehr Zeit, wenn Sie ein Problemchen ignorieren und es sich deshalb zum Problem auswächst, als wenn Sie es akzeptieren, solange es noch klein ist. Also geben Sie sich einen Ruck.

Geben sich Projektleiter diesen Ruck, fallen sie oft ins andere Extrem: Sie beginnen sofort mit der Argumentation, um den Einwandträger zu überzeugen. Hier tritt ein großes Missverständnis auf: Sie können einem Menschen nicht geben, was er nicht will – da wehrt er sich immer.

- Der Einwandträger will nicht argumentieren, er will verstanden werden.

Nachfragen, zuhören

Reden Sie also erst einmal nicht viel, hören Sie ihm lieber zu. Bringen Sie keine Argumente, zeigen Sie Verständnis. Verbal und nonverbal. Denn eine zu frühe, zu schnelle Argumentation wird nicht als überzeugend, sondern als Ablehnung empfunden: Der Bedenkenträger glaubt, dass Sie ihm seine Einwände ausreden wollen. Das haben Sie möglicherweise nicht gewollt, aber das kommt beim Empfänger so an.

> **Profi-Tipp:**
>
> Einmal Verständnis zu zeigen wirkt besser als hundert Argumente.

3 Kontextgestaltung bei Skeptikern

Der Skeptiker erwartet, dass Sie

- ihm zuhören,
- ihn verstehen wollen,
- dieses Verständnis auch zeigen.

Geben Sie ihm, was er erwartet. Skeptiker wollen nicht in erster Linie argumentieren, sie wollen ernst genommen werden. Wer das einmal erkannt hat, dem fällt die Einwandbehandlung sehr viel leichter.

Suchen statt ärgern

Viele Projektleiter regen sich furchtbar über die „dummen Einwände dieser Laien" auf. Viele Einwände sind aus technischer Sicht tatsächlich unverständlich. Gleichzeitig ahnen wir aber, dass Ärger keine Lösung ist. Was dann?

Es ist verständlich, wenn Sie sich über Einwände ärgern. Sie müssen sich das nicht verkneifen. Ärgern Sie sich ruhig. Nur bitte so, dass der Einwandträger davon nichts merkt. Haben Sie sich genug geärgert, fragen Sie sich:

Wo ist das Körnchen Wahrheit?

Denn selbst hinter dem dümmsten Einwand steckt ein Körnchen Wahrheit. Diese Wahrheit ist meist ein ganz konkretes Anliegen. Jeder Einwandträger hat ein Anliegen – sonst würde er den Einwand nicht erheben. Ignorieren Sie 99 Prozent Unsinn und suchen Sie nach dem einen Prozent Anliegen. Oft weiß selbst der Einwandträger nicht, was sein Anliegen ist. So genau hat er selbst noch nie darüber nachgedacht. Er ist zwar gegen Ihr Projekt, aber er weiß nicht, warum. Finden Sie es zusammen mit ihm heraus. Wie? Indem Sie geduldig nachfragen und ihm zuhören.

Nicht ärgern – das Körnchen Wahrheit suchen

> Erst wenn Sie das Anliegen des Einwandträgers verstehen, können Sie damit umgehen.

Suchen Sie dieses Verständnis und bauen Sie darauf auf.

3 Kontextklärung: Widerstände managen

Verhandeln statt überreden

Andere Vorschläge machen lassen

Wenn Sie das Anliegen des Einwandträgers verstanden haben, dann versuchen Sie nicht, ihn davon zu überzeugen, dass dieses Anliegen nicht realisierbar ist. Das provoziert nur weiteren Widerstand, weil es ihm zeigt, dass Sie gegen ihn sind, ihn nicht akzeptieren. Verhandeln Sie stattdessen über eine Lösung. Sie können dazu natürlich Vorschläge machen. Aber besser ist es, wenn Sie ihn nach Vorschlägen fragen:

„Ihr Anliegen ist also … Wie stellen Sie sich vor, soll die Realisierung konkret aussehen?"

Oft hat der Einwandträger nämlich keine Ahnung, wie das gehen soll, und lässt deshalb sein Anliegen von alleine fallen – ohne dass Sie es ihm ausreden müssen, was er nie zulassen würde. Oder aber er gibt sich mit einer viel kleineren Lösung zufrieden, als Sie selbst vorgeschlagen hätten.

Integration statt Spott

Wünsche ernst nehmen

Oft nimmt man Einwände auf die leichte Schulter, spottet darüber: „Und am liebsten hätte dieser Fachabteilungsleiter noch einen goldenen Kirchturmhahn oben drauf!" Das ist gefährlich. Denn wenn jemand einen Einwand ausspricht, teilen diesen zehn weitere Kollegen. Und aus zehn werden schnell hundert Kollegen. Wollen Sie es darauf ankommen lassen?

> **Profi-Tipp:**
> Einwände sind nicht lästig, sie sind Vermarktungsvorteile.

Wenn Sie nämlich diesen einen Einwand überwinden, überwinden Sie damit hundert andere auch. Je mehr Einwände Sie behandeln, desto höher steigt Ihre Projektakzeptanz, desto größer wird die Unterstützung für Ihr Projekt, desto seltener wird der Beschuss aus den eigenen Reihen. Jeder geklärte Einwand ist ein Anlass weniger, Ihr Projekt unter Beschuss zu nehmen.

Turbo-Check **3**

Wenn ganze Gruppen skeptisch sind, organisieren Sie Ihre Einwandsbehandlung in so genannten Focus oder User Groups (siehe auch Glossar). Ghettoisieren Sie die Einwände nicht, integrieren Sie sie. Beziehen Sie in diese Gruppen gerade auch die bekannten Quertreiber ein. Denn wenn Sie diese überzeugen, verkauft sich Ihr Projekt quasi von allein. Sie haben aus Bedenkenträgern Befürworter gemacht. Wenn Ihre kommunikative Kompetenz nicht ausreicht, mit diesen notorischen Bedenkenträgern umzugehen, dann trainieren Sie sie entsprechend.

6. Turbo-Check: Widerstände managen

Turbo-Check:

Widerstände managen

- Lassen Sie sich nicht von Widerständen aus den eigenen Reihen überraschen. Rechnen Sie mit ihnen.
- Behandeln Sie Widerstände, bevor sie entstehen, indem Sie den Kontext Ihres Projektes klären.
- Nehmen Sie alle möglichen Widerstände geistig vorweg – das ist die beste Vorbereitung.
- Verstehen Sie die Anliegen hinter den Widerständen.
- Klären Sie Widerstände und Einwände mit wenigen Argumenten, dafür mit umso mehr Verständnis.
- Überreden Sie nicht, verhandeln Sie Anliegen.

Risiko-Check: Überraschungen vermeiden

4

1. Es gibt keine Überraschungen, nur Risiken 78
2. Schritt 1: Auflistung und Konkretisierung von Risiken 81
3. Schritt 2: Kategorisieren Sie Risiken . 82
4. Schritt 3: Maßnahmen aus dem Risiko-Portfolio 83
5. Diese Risiken werden häufig übersehen 90
6. Turbo-Check: Risiken managen 92

*Wenn ihr eure Augen nicht braucht um zu sehen,
werdet ihr sie brauchen um zu weinen.*

Jean Paul

1. Es gibt keine Überraschungen, nur Risiken

Warum machen die meisten Menschen ihre „eigentliche" Arbeit lieber als Projekte? Weil die eigene Arbeit zwar oft weniger abwechslungsreich, doch immer gut zu überblicken ist. Man weiß, was auf einen zukommt. Im Projekt ist das Gegenteil der Fall.

> Projektarbeit ist von extremer Unsicherheit geprägt.

Unsicherheit ist normal

„Wir wissen nie", sagt die oberste Projektleiterin eines Finanz-Dienstleisters, „welche Katastrophe morgen über uns hereinbrechen wird." Überall lauern Risiken, ständig gibt es böse Überraschungen: Plötzlich will der Auftraggeber etwas anderes, als vereinbart war, plötzlich machen Arbeitspakete Probleme, die nie im Leben Probleme machen dürften, plötzlich ist alles anders, als man dachte und plante – wir kennen sie alle, diese unguten Überraschungen. Was viele nicht wissen:

> 90 Prozent der Überraschungen sind keine Überraschungen.

Pro-aktiv werden

Die meisten Überraschungen sind lediglich übersehene Risiken. Eigentlich wissen wir das. Denn nach Eintreten der meisten „Überraschungen" sagt mindestens ein Teammitglied: „Das hätten wir uns eigentlich denken können!" Warum haben wir es nicht? Weil wir es uns hätten denken können, es aber nicht wollten.

Risiko-Verdrängung

Fast jeder von uns ahnt schon kurz nach der Auftragsklärung die kritischen Punkte in einem Projekt. Das sagt uns einfach die Berufserfahrung. Wenn wir auf diese leisen inneren Stimmen hören wür-

4 Es gibt keine Überraschungen, nur Risiken

den, würden wir später, im Verlauf des Projektes, nicht böse überrascht werden. Doch wir hören nicht auf die Stimmen der Vorsicht. Warum nicht? Aus einem einfachen Grund:

- Risiken sind unangenehm.

Und an Unangenehmes denkt man nicht gerne. Das Projekt ist schon schwierig genug, ohne dass wir unnötig „die Pferde scheu machen". Wir haben heute zu viel anderes zu erledigen, um darüber nachzudenken, was übermorgen vielleicht passieren könnte. Diese Argumentation hat nur einen Haken: Wer so argumentiert, hätte auch niemals eine Lebens-, eine Unfall- oder eine Rentenversicherung abschließen dürfen. Leider machen wir uns diesen Widerspruch selten bewusst, denn:

Risiken sind unangenehm

- Risiko-Verdrängung ist ein unbewusster Vorgang.

Deshalb ist Ihr erster Schritt, um sich vor unliebsamen Überraschungen zu schützen: Machen Sie sich die unbewusste Risiko-Verdrängung bewusst. Dann kann sie nicht mehr wirken.

Nicht verdrängen

Übrigens, wann ist der beste Zeitpunkt für den Risiko-Check? Es gibt zwei:

- Direkt nach der Auftragsklärung, nach der Sie sich einen schnellen groben Überblick verschaffen: Worauf muss ich auf jeden Fall achten?
- Zum Abschluss der Planung, weil Sie danach die Risiken auch im Detail erkennen.

Risiko-Ignoranz

Eine verbreitete Berufskrankheit von Projektmanagern ist die Risiko-Ignoranz. Sie ist kein unbewusster, sondern ein ganz bewusster Verdrängungsprozess. Ob ein Projektleiter oder ein Projektmitglied daran erkrankt ist, erkennen Sie an dessen Reaktion auf die Erwähnung von Risiken. Eine der häufigsten Erwiderungen ist zum Beispiel: „Da kann man ohnehin nichts machen, wenn das auf uns zukommt."

„Da kann man eh' nichts machen"

4 Risiko-Check: Überraschungen vermeiden

Falls Sie diese Meinung teilen, machen Sie sich den Denkfehler hinter dieser Meinung klar: Man kann da sowieso nichts machen – bei manchen Problemen stimmt das tatsächlich, bei anderen jedoch nicht. Also warum beide Dinge in einen Topf werfen? Warum die Chance verlieren, jene Probleme zu lösen, die man lösen kann? Selbst bei Problemen, bei denen man scheinbar nichts machen kann, gibt es immer noch Möglichkeiten, zum Beispiel den Schadensfall, die Folgen abzusichern. Aus diesem Grund haben Sie beispielsweise auch eine Hausratversicherung abgeschlossen.

> Risiko-Management ist ein unverzichtbarer Teil des Projektmanagements.

„Warum jetzt sorgen?"

Was Risiko-Ignoranten auch oft gegen ein vernünftiges Risiko-Management einwenden, ist: „Wozu sich jetzt sorgen? Wir kümmern uns später um das Problem, wenn es denn auftaucht." Erklären Sie einem Team-Mitglied, welches diesen Einwand vorbringt, dass es so einfach nicht ist. Je mehr Zeit man auf ein Risiko verliert, desto größer wird sein Vorsprung. Unbehandelte Risiken werden mit der Zeit immer schlimmer. „Später" ist oft zu spät, wenn es um Risiko-Management geht.

> Jeder GAU war einmal ein Mini-Risiko, das nicht behandelt wurde.

„Da müsste man viel rechnen"

Wie behandelt man Risiken? So viel wir wissen, ist Risiko-Management eine Wissenschaft für sich, die gespickt ist mit Fremdwörtern wie T-Wert, Simulation, Erwartungswerte, stochastische Schadensbewertung etc., und alles immer hochmathematisch. So können Sie Ihr Risiko-Management natürlich auch betreiben. Und das ist auch der Grund, weshalb viele Projektleiter kein Risiko-Management betreiben: Sie halten es für zu kompliziert. Dabei fallen sie nur auf die Mythen der Finanzmathematiker herein. Ihre Lebensversicherung haben Sie doch auch ohne Mathe-Diplom abgeschlossen, oder? Risiko-Management geht auch anders. Denn das Motto dieses Buches ist: Bitte so einfach wie möglich. Wenn die Risiken schon komplex sind, muss es das Risiko-Management nicht auch noch sein.

Schritt 1: Auflistung und Konkretisierung von Risiken

2. Schritt 1: Auflistung und Konkretisierung von Risiken

Das einfachste Instrument des Risiko-Managements ist die Risiko-Liste. Erstellen Sie diese im Team. Denn als Projektleiter tendiert man zu gefährlichem Optimismus.

Schwarzseher sehen mehr

> **Profi-Tipp:**
>
> Setzen Sie Ihre Schwarzseher im Team konstruktiv ein: Lassen Sie sie Risiken vorhersehen.

Fragen Sie dazu einfach in die Team-Runde: Wem fällt ein Risiko ein? Wo könnte es brenzlig werden? Was könnte alles passieren?

Vereinbaren Sie, dass es keine überflüssigen Wortmeldungen gibt. Keiner darf eine Risiko-Meldung eines anderen kritisieren – Sie kennen diese Regelung vielleicht vom Brainstorming (siehe auch Glossar): In einem ersten Durchgang werden Risiken lediglich angesprochen und aufgelistet. Erst im zweiten Durchgang dürfen sie diskutiert werden. Ergänzen Sie diese Liste über die Brainstorming-Sitzung hinaus, wann immer jemandem ein neues Risiko ein- oder auffällt.

Negatives Brainstorming

Oft wird bei dieser Listung der Fehler gemacht, dass man zum Beispiel als Risiko notiert: „Die neue Technologie, die schwierigen Nutzer, die wenig erprobten Lieferanten" etc. Das ist zwar gut gemeint, aber leider kein Risiko.

- Ein Risiko ist nur etwas, das passieren kann.

Und ein Lieferant kann nicht passieren. Aber es kann passieren, dass er ausfällt, die Qualität nicht hält oder Innovationen an Konkurrenten durchsickern lässt. Also konkretisieren Sie Ihre Listung entsprechend. Wenn Sie es nicht tun, kommt nichts bei der Listung heraus. Denn wenn Sie nur „Lieferant" notieren – was fangen Sie damit an?

Risiken als Ereignis formulieren

4 Risiko-Check: Überraschungen vermeiden

An dieser Stelle der Einführung ins Risiko-Management für Projekte erheben manche Projektmanager im Training oder Coaching den Einwand: „Wenn ich eine Liste anfange, dann bekomme ich in fünf Minuten 200 Risiken zusammen! Die bekomme ich doch nie alle in den Griff!" Aber natürlich bekommen Sie die in den Griff. Denn nicht alle Risiken sind gleich und schon gar nicht gleich gefährlich. Kategorisieren Sie Ihre Risiken daher. Am besten anhand der beiden Kriterien, welche die Gefährlichkeit eines Risikos determinieren: Wahrscheinlichkeit des Auftretens und Schadenshöhe.

3. Schritt 2: Kategorisieren Sie Risiken

Wahrscheinlichkeit und Schaden

Ein Risiko ist umso gefährlicher für Ihren Projekterfolg, je wahrscheinlicher es eintritt und je größer der Schaden dabei ist. Also machen Sie aus Ihrer Risiko-Liste (s.o.) eine Risiko-Matrix und teilen Sie – immer im Konsens mit Ihrem Team – jedem Risiko eine Schadenshöhe und eine Wahrscheinlichkeit zu:

0 – 10: kein – maximaler Schaden

0 % – 100 %: tritt nicht auf – tritt mit absoluter Sicherheit auf

Wobei der maximale Schaden in PM-Kreisen auch GAU (**G**rößter **A**nzunehmender **U**nfall) oder *Show Stopper* (siehe auch Glossar) genannt wird: Tritt er ein, ist das Projekt nicht mehr zu retten.

Die Risiko-Matrix		
Risiko	**Wahrscheinlichkeit**	**Schaden**
Minderqualität von Lieferant X	10 %	3
Verzug in der Werkzeugfertigung	80 %	7
...	...	...

Schritt 3: Maßnahmen aus dem Risiko-Portfolio   4

Zugegeben, die Matrix macht die Sache nicht viel übersichtlicher. Das ändert sich schlagartig, wenn Sie die Matrix grafisch aufbereiten. Stellen Sie dazu Ihre Risiken mit ihren beiden Matrix-Werten einfach in das Koordinaten-Kreuz des Risiko-Portfolios:

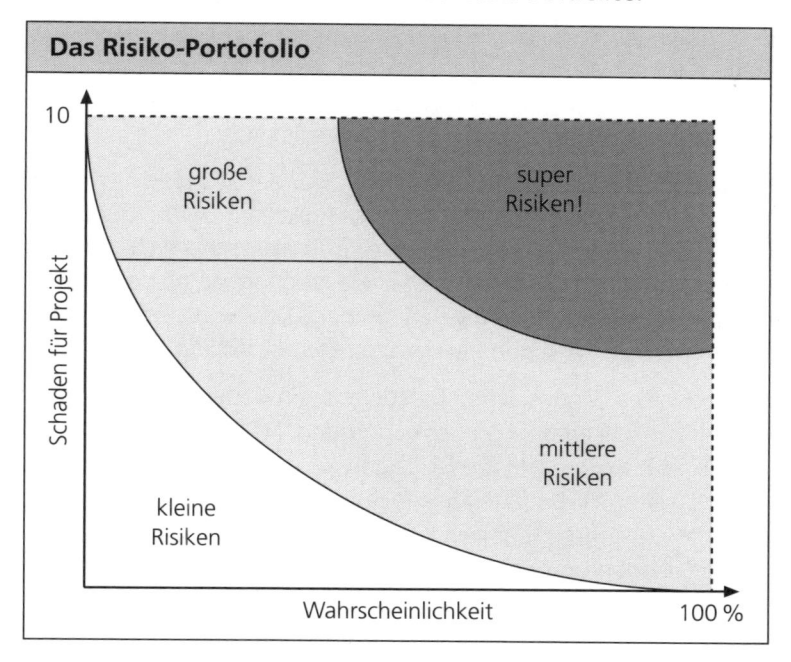

Das Risiko-Portofolio

(Diagramm: Schaden für Projekt (y-Achse, bis 10) gegen Wahrscheinlichkeit (x-Achse, bis 100 %); Bereiche: kleine Risiken, große Risiken, mittlere Risiken, super Risiken!)

4. Schritt 3: Maßnahmen aus dem Risiko-Portfolio

Das Risiko-Portfolio sagt Ihnen, wie Sie Ihre Risiken behandeln können.

Super Risiken, also Risiken mit hoher Wahrscheinlichkeit (50 – 100 %) und hohem Schaden (7 – 10) legen die Überlegung nahe: Soll man das Projekt bei diesen Risiken überhaupt in Angriff nehmen? Das klären Sie am besten mit dem Auftraggeber. Gibt dieser trotzdem grünes Licht, sollten Sie Super Risiken neu definieren und

Super Risiken

4 Risiko-Check: Überraschungen vermeiden

nicht länger negativ als Risiken betrachten, sondern als Erfolgsfaktoren Ihres Projektes: Von ihnen hängt Ihr Projekterfolg ab. Wenn Sie es schaffen, diese Risiken sauber zu managen, ist der Projekterfolg gesichert.

große Risiken

Bei großen Risiken, also Risiken mit hohem Schaden (nahe 10), aber geringer Wahrscheinlichkeit (kleiner 30 %), lohnt sich eine Vorbeugung wirtschaftlich nicht, wohl aber die Vorbereitung in Form einer Versicherung oder eines Notfallplanes.

mittlere Risiken

Mittlere Risiken sind solche, bei denen zwar der Schaden nicht sehr hoch ist (4 und geringer), die Wahrscheinlichkeit dafür aber umso höher (größer 50 %). Diese Risiken sind so wahrscheinlich, dass ich mit ihnen einfach umgehen muss. Hier rentiert sich eine Vorbeugung in Form von Präventivmaßnahmen. Das heißt, gegen diese Risiken müssen Sie schon bei der Projektvorbereitung etwas tun.

„No risk no fun"

Kleine Risiken sind solche, bei denen entweder Schaden oder Wahrscheinlichkeit oder beides gering sind. Diese und nur diese Risiken sind Risiken, über die ich sagen kann: „Damit beschäftigen wir uns später." Wer dagegen alle Risiken damit abtut, dass er sich auch darum später kümmern könne, tut so, als ob alle Risiken geringen Schaden und geringe Wahrscheinlichkeit hätten – und das ist ganz einfach faktisch falsch. Das ist so, als ob man ein Auto mit defekten Bremsen fährt und sagt: „Darum kümmere ich mich später, wenn ich bremsen muss". Doch später hängt man in der nächsten Leitplanke.

Super Risiken managen

Risiken umdefinieren

Wie geht man mit Super Risiken um? Indem man sie zunächst ganz einfach umdefiniert. Wenn bei Eintritt eines Super Risikos das ganze Projekt scheitert, dann ist das Risiko offenbar nicht nur ein Risiko, sondern umgekehrt auch ein Erfolgsfaktor. Das heißt, wenn Sie dieses Risiko meistern, ist Ihr Projekterfolg gesichert. Das Risiko bleibt natürlich immer ein Risiko. Doch indem Sie sich vornehmen, es zu überwinden, machen Sie daraus einen Erfolgsfaktor.

Schritt 3: Maßnahmen aus dem Risiko-Portfolio 4

> **Profi-Tipp:**
> Definieren Sie Super Risiken als Erfolgsfaktoren.

Beispiel: Super Risiken und Erfolgsfaktoren	
Super Risiko	**entsprechender Erfolgsfaktor**
Endtermin überschritten	absolute Termintreue schon von Beginn an
Kunde lehnt Ergebnis ab	enge Abstimmung von Anfang bis Ende
...	...

Die Wirkung der Neudefinition liegt auf der Hand: Während ein Risiko eine Gefahr ist, die Sie bedroht, ist ein Erfolgsfaktor eine Chance, die Sie nutzen können. Sie können aus dem Erfolgsfaktor Ihre wichtigste Aufgabe ableiten. Wenn ein überschrittener Endtermin ein Super Risiko ist, dann wird die absolute Termintreue von Beginn an Ihre wichtigste Aufgabe:

Haben Sie Ihre Erfolgsfaktoren definiert, können Sie sie genau planen und kontrollieren.

Genau planen und im Auge behalten

Beispiel: Sie erstellen für die Termintreue einen sehr detaillierten Zeitplan und treffen ungewöhnlich genaue und zeitnahe Vereinbarungen über regelmäßige Projektberichte (Reporting). In zeitsensiblen Projekten berichten Inhaber von kritischen Aufgaben zum Beispiel täglich an den Projektleiter.

Große Risiken managen

Große Risiken treten nur selten ein, verursachen aber großen Schaden. Im privaten Leben sind solche Risiken Brände und Unfälle. Wie gehen wir privat damit um? Wir schließen Versicherungen ab. Das kann man auch in der Projektarbeit machen.

4 Risiko-Check: Überraschungen vermeiden

„Versicherungen" im Projekt

Dass zum Beispiel ein bewährter Lieferant in Lieferverzug gerät, ist sehr unwahrscheinlich, bei zentraler Bedeutung für das Projekt jedoch gravierend. Also vereinbart man als Versicherung eine Konventionalstrafe, über deren Höhe man sich wiederum gegenüber den eigenen Projektkunden schadlos halten kann. So einfach dieses Mittel ist, so verwunderlich ist, dass viele Projektleiter darauf verzichten und damit ihr Projekt gefährden. Warum? Weil sie dem altbekannten Lieferanten „nichts Böses" tun wollen oder weil sie „keine Rechtsanwälte" sind. Sind das Gründe? Nein, das sind Ausreden. Konventionalstrafen empfindet heutzutage niemand mehr als Misstrauen, und für die Vereinbarung einer Terminlieferung muss man kein Anwalt sein.

Ist eine Konventionalstrafe nicht möglich oder nicht sinnvoll, können Sie auch eine alternative Versicherung aufbauen: schon zu Projektbeginn einen Alternativlieferanten festlegen, ein Backup-System einkaufen, eine Vertretungsregelung für wichtige Projektmitglieder treffen etc. Egal, wie Sie sich versichern: Sie müssen es jetzt tun, zu Beginn Ihres Projekts, und nicht erst dann, wenn der Versicherungsfall eintritt. Wenn die Festplatte sich verabschiedet hat, ist es schon zu spät für eine Datensicherung!

Notfallpläne

Gibt es keine alternativen Versicherungen oder sind sie zu teuer, können Sie zumindest einen Notfallplan aufstellen. Wahrscheinlich brauchen Sie ihn nicht, weil das Risiko so unwahrscheinlich ist. Doch so ein Plan für alle Eventualitäten in der Schublade beruhigt doch ungemein und sichert einem Effektivität und Schnelligkeit, sollte es zum Schlimmsten kommen.

Mittlere Risiken managen

Vorbeugen ist besser als nass werden

Risiken mit geringem Schaden, aber hoher Wahrscheinlichkeit sind wie ein Regenschauer, den der Wetterbericht ankündigt: Sie nehmen einen Schirm mit. Das ist logisch, aber warum? Weil Sie so tun, als ob ein zukünftiges, hochwahrscheinliches Ereignis bereits eingetreten ist, denn der Griff nach dem Schirm ist kein Aufwand –

Schritt 3: Maßnahmen aus dem Risiko-Portfolio 4

aber er lohnt ungemein! Sie werden nicht nass. Lassen Sie auch Ihr Projekt nicht im Regen stehen.

- Nehmen Sie mittlere Risiken als gegeben.

Das heißt, nehmen Sie sie in Ihre Projektplanung als ganz normale Aufgaben auf. Denn meist sind diese Risiken wegen ihrer hohen Wahrscheinlichkeit keine reinen Risiken mehr, sondern sich bereits konkret abzeichnende Probleme. Ein typisches mittleres Risiko bei Projekten ist die Dokumentation, die selten pünktlich fertig wird. Also verlegen sie erfahrene Projektleiter teilweise vom Projektende nach vorne, damit sie quasi nebenher laufen kann, oder vergeben sie gleich extern.

Risiko-Gegenmaßnahmen planen

Natürlich sind, wie in allen Kategorisierungen, die Übergänge zwischen den vier Risiko-Gruppen fließend. Es kommt nicht so sehr darauf an, wie Sie und Ihr Team letztendlich ein bestimmtes Risiko einordnen. Es kommt vielmehr darauf an, dass jedem Risiko mit einer entsprechenden Maßnahme begegnet wird. Im Überblick könnte das so aussehen:

Die erweiterte Risiko-Matrix				
Risiko	**Wahrsch.**	**Schaden**	**Klasse**	**Maßnahme**
■ Minderqualität von Lieferant X	10%	3	gering	keine
■ Verzug in der Werkzeugfertigung	80%	7	super	genauer Plan und täglicher Projektbericht der Werkstatt
■ …				

4 Risiko-Check: Überraschungen vermeiden

Es versteht sich von selbst, dass jede Risiko-Maßnahme so geplant und vereinbart wird, wie Sie es von allen Maßnahmen gewohnt sind und praktizieren:

Das Maßnahmen-Raster

- Was macht
- wer
- wie
- bis wann?

Oft werden dazu noch Kriterien hinzugefügt wie: womit? wann Bericht an wen? welches konkrete Ziel?

Was ist, wenn Ihnen partout keine Maßnahme für ein bestimmtes Risiko einfällt? Auch das gibt es.

- Fragen Sie den Auftraggeber bei nicht abzusichernden Risiken.

Risiken über Auftraggeber absichern

Informieren Sie immer Ihren Auftraggeber über solche Risiken und fragen Sie ihn: Tragen wir dieses Risiko? Dann kann er Ihnen später nicht vorwerfen, dass Sie ihn nicht gewarnt hätten. Wenn Sie sich schon nicht gegen das Risiko absichern können, sichern Sie sich wenigstens gegen Ihren Auftraggeber ab. Man kann dieses Restrisiko durchaus minimieren. Letztens fragte ein Marketingmann seinen Geschäftsführer: „Selbst nach unserer Marktuntersuchung, nach den Tests und der Werbung verbleibt ein Restrisiko von fünf bis 20 Prozent – wollen wir das tragen?" Diese Entscheidung ist eine Auftraggeber-Entscheidung – das können Sie nicht entscheiden!

Endcheck der Maßnahmen

Alles nur Scheinmaßnahmen?

Wir sind alle keine Engel. Risiken sind unangenehm, weshalb wir alle hin und wieder versuchen, ihnen auszuweichen. Einer dieser Mogelversuche, auf den wir immer wieder hereinfallen, ist die Ver-

4 Schritt 3: Maßnahmen aus dem Risiko-Portfolio

einbarung von Scheinmaßnahmen: Man vereinbart Risiko-Gegenmaßnahmen, damit man endlich seine Ruhe vor dem Risiko-Management hat. Oft genug sind diese Maßnahmen jedoch Papier-Regenschirme. So vereinbart ein Projektteam für das Eintreten von Risiko X: „Dann holen wir uns Unterstützung aus dem Top-Management." Ist das ein ernsthafter Umgang mit dem Risiko? Nicht unbedingt, denn oft weiß man ganz genau, dass das eigene Top-Management in solchen Fällen eben keine Zeit hat, die Karre aus dem Dreck zu ziehen:

- Checken Sie jede Risiko-Gegenmaßnahme auf Plausibilität.

Fragen Sie sich:

- Wie realistisch ist der Einsatz der Maßnahme?
- Hat sie konkrete Aussicht auf Erfolg?

In unserem Fall ist die Hoffnung, dass das Top-Management das Projektteam „herauspaukt", nichts mehr als eine Hoffnung. In der Vergangenheit hat sie sich bei Projekten vergleichbarer Größe niemals bewahrheitet. Außerdem hätte selbst eine Intervention der Führungsetage bei diesem konkreten Risiko kaum Aussicht auf Erfolg.

Realitäts-Check

Lügen Sie sich nicht selbst in die Tasche. Denn allein Sie werden darunter leiden. Gehen Sie ernsthaft mit Risiken um. Checken Sie Ihre Maßnahmen auf Plausibilität. Tun Sie dies, werden Sie eine erstaunliche Wirkung an sich beobachten: Sie werden ruhig, gewinnen an Souveränität, sparen Nerven und ersparen sich und Ihrem Team Stress. Denn eine gute Risiko-Behandlung gibt eine ungeheure Sicherheit und innere Überlegenheit. Diese Überlegenheit erwächst aus dem Bewusstsein, dass Sie beim Eintreten eines Risikos einfach schneller reagieren können und der Schaden viel geringer sein wird.

Wenn Sie besonders erfolgreiche Projektleiter beobachten, werden Sie feststellen, dass diese nicht mit weniger, sondern mit genauso vielen Rückschlägen und Bedrohungen konfrontiert werden wie

Erfolgreiche Projektleiter sind vorbereitet

4 Risiko-Check: Überraschungen vermeiden

durchschnittliche Projektleiter auch. Was macht sie dann so erfolgreich und vor allem so wenig stressanfällig? Sie sind ganz einfach besser auf Rückschläge und Bedrohungen vorbereitet. Während unerfahrene Projektleiter vom Eintreten des Risikos noch wie gelähmt sind oder total gestresst in operativer, aber wenig effektiver Hektik Rettungsversuche starten, aktivieren erfahrene Projektleiter einfach ihre vorbereiteten Gegenmaßnahmen. Für sie ist der Schadensfall keine Katastrophe, sondern ganz einfach eine Aufgabe wie jede andere auch. Eine Aufgabe, auf die sie dank Ihres Risiko Managements gut vorbereitet sind.

5. Diese Risiken werden häufig übersehen

Wenn Ihnen gar nichts einfällt

Jeder Mensch weiß, dass gerade in Projekten die Risiken an jeder Ecke lauern. Warum werden dann trotzdem so viele Projektleiter von Risiken überrascht? Weil wir zwar nach Eintritt der meisten Risiken uns selbst sagen hören, „das hätte ich mir doch denken können!", weil wir aber vor Eintritt des Risikos ausgerechnet an dieses konkrete Risiko nun partout nicht gedacht hatten.

So vorhersehbar die meisten Risiken im Rückblick erscheinen – vorausschauend denken wir oft einfach nicht daran.

Dem können Sie abhelfen, indem Sie sich – quasi als Eselsbrücke, Anregung und Schrittmacher für die grauen Zellen – vor jedem Projekt die Checkliste mit den häufigsten und am häufigsten übersehenen Risiken zu Gemüte führen:

- Lassen Sie sich davon inspirieren.
- Ergänzen Sie die Checkliste (laufend) mit den Risiken, die Ihrer Erfahrung nach häufig auftreten oder übersehen werden.

Diese Risiken werden häufig übersehen 4

Checkliste: Übersehene Risiken

Risiken im Projektumfeld:

- Teammitglieder fallen aus wegen Krankheit, Arbeitsplatzwechsel, Abzug zu anderen Projekten etc.
- Unfälle, die typisch für diese Art von Projekten sind.
- Dem Kunden geht das Geld aus.
- Überraschende, massive Änderungswünsche des Kunden.
- Risiken, die Ihnen zum Projektumfeld noch einfallen:
- ....

Risiken bei der Projektplanung:

- Die Teammitglieder interpretieren die Projektziele unterschiedlich, ohne es zu merken. (Dieses Risiko wird in neun von zehn Projekten unterschätzt, obwohl es in zehn von zehn auftritt).
- Endtermin oder Dauer einzelner Aktivitäten sind zu optimistisch angesetzt (ein Risiko mit 95-prozentiger Wahrscheinlichkeit).
- Wichtige Aktivitäten werden vergessen oder übersehen.
- Fehlinterpretationen der Inhalte und Ziele von Aktivitäten.

Risiken bei der Projektausführung:

- Projekte, von denen wir abhängig sind, verzögern sich oder fallen ganz aus.
- Knappe Ressourcen (Experten, Spezialausrüstung, ...) schaffen Verzögerungen.
- Sehr lange Projektdauer: Das Ergebnis wird nicht mehr benötigt.
- Frustration von Mitgliedern, Konflikte im Team.
- Kosten steigen, Preise fallen.

4 Risiko-Check: Überraschungen vermeiden

noch: Checkliste: Übersehene Risiken

Risiken im Team oder beim Projektleiter:
- Mitglieder sind nicht wie geplant verfügbar.
- Das Know-how im Team reicht doch nicht aus.
- Fehler durch zu geringe Erfahrung im Projektmanagement.
- Missverständnisse, da Mitglieder räumlich zu weit voneinander entfernt sind.
- Zusagen werden nicht eingehalten.

Risiken bei technischen Aspekten:
- Neue Technologien, Tools, Methoden etc. tauchen auf.
- Komplexe Abhängigkeiten im Projekt verursachen große Probleme.
- Die geplante Lösung ist nicht machbar.
- Eingeplante Komponenten stehen nicht mehr zur Verfügung.
- Mangelnde Kompatibilität an den Schnittstellen.

6. Turbo-Check: Risiken managen

Turbo-Check:

Risiken managen

- Beobachten und vermeiden Sie alle Tendenzen von Risiko-Verdrängung und -Ignoranz bei sich und Ihrem Team.
- Risiko-Management ist ein wichtiger Erfolgsfaktor für Ihr Projekt – nutzen Sie es!
- Listen und kategorisieren Sie alle denkbaren Risiken.
- Leiten Sie konkrete Gegenmaßnahmen ab.
- Checken Sie diese auf Plausibilität.
- Lehnen Sie sich beruhigt zurück: Sie sind auf alles vorbereitet!

Projektplanung: Einfacher ist besser

5

1. Vertrauen Sie den einfachen Instrumenten 95
2. Die Logik der Planung 98
3. Die Meilenstein-Planung: Das Projekt im Etappen-Überblick 99
4. Der Suggestiv-Effekt 103
5. Die Aktivitäten-Planung: Alle Projektarbeiten auf einen Blick .. 106
6. Die W-Planung: Wer macht was bis wann? 113
7. Die Zuverlässigkeits-Prüfung: Aufwand und Dauer unterscheiden 115
8. Das Gantt-Diagramm: Die grafische Darstellung 119
9. Qualitätsprüfung für Ihre Planung 122
10. Bitte keine Schönwetter-Planung . 126

11. Die Abstimmung mit dem Auftraggeber ... 129

12. Projektplanung mit Word und Excel:
    Einfache Software-Unterstützung 132

13. Turbo-Check: Projekte schnell und
    einfach planen 134

Der Plan ist nichts, die Planung alles.

General Dwight D. Eisenhower

1. Vertrauen Sie den einfachen Instrumenten

Bei der Projektplanung sehen und erleben wir es am deutlichsten:

> Je komplizierter die Projektmanagement-Werkzeuge (PM-Tools), desto größer der Schaden fürs Projekt.

Warum verwenden so viele unerfahrene Projektleiter diese komplizierten Instrumente und schaden damit ihrem Projekt? Weil sie nicht wissen, dass es einfache Instrumente gibt. Der unerfahrene Projektleiter geht relativ blauäugig in ein Projekt: „Das kriegen wir schon hin." Doch bald schon bemerkt er, dass er bei der Vielzahl der nötigen Aktivitäten bereits binnen Tagen den Überblick verliert, dass er Aktivitäten übersieht und Termine verschwitzt: „Das Ganze muss irgendwie besser organisiert werden!" Doch wie organisiert man ein Projekt?

Der Kampf mit der Komplexität

Studium, Literatur und Seminare geben Antworten in Form von erprobten Instrumenten wie CPM, PERT, Gantt-Diagrammen (auch Balkendiagramme genannt), Ressourcendiagrammen etc. (siehe auch Glossar). Vielleicht kauft sich der Projektleiter auch eine PM-Software. Bei diesen Versuchen, sein Projekt besser zu organisieren, macht er jedoch seltsame Entdeckungen:

Nicht zu Tode planen

- Die angebotenen Instrumente sind alle erprobt – doch leider nur an Großprojekten.

- Bei Kleinprojekten fressen diese PM-Tools mehr Zeit, als zur Verfügung steht.

- Bis man eines dieser hochkomplexen Instrumente beherrscht, ist das halbe Projekt gelaufen.

5 Projektplanung: Einfacher ist besser

- Die Instrumente zu verstehen und anzuwenden erfordert mehr Anstrengung, Zeit und Nerven als das eigentliche Projekt.
- Bis man zum Beispiel einen Netzplan (siehe auch Glossar) aktualisiert hat, ist er oft schon wieder veraltet. Man kommt also vor lauter „Planung" gar nicht mehr zum Projekt selbst.
- Je komplexer das PM-Tool, desto banaler die Erkenntnisse, die man damit nach stundenlanger Planungsarbeit erzielt.
- Diese komplexen Tools kosten mehr Zeit, Nerven und Aufwand, als sie sparen. Eigentlich sollte es umgekehrt sein.
- Komplizierte Instrumente sind für kleine und mittlere Projekte nicht geeignet, da unrentabel und ineffizient, oft sogar ineffektiv.

Nicht zu kompliziert

Diese ernüchternden Erkenntnisse provozieren Projektleiter oft zu einer von zwei folgenreichen Reaktionen: Einige Projektleiter behalten die ineffizienten Instrumente bei – weil schon zu viel Geld und Zeit dafür investiert wurde – und gefährden damit sich, ihr Team, ihre Kunden, Auftraggeber und Projekte. Die meisten anderen schmeißen das teuer eingekaufte Instrument jedoch schnell hin – was verständlich ist. Darüber hinaus verzichten sie nun ganz auf die Projektplanung, denn: „Es gibt ja doch keine effizienten Instrumente für mein Projekt!" Das ist ein Irrtum.

> Dass viele, gut publizierte, hochkomplexe Instrumente nichts taugen, heißt noch lange nicht, dass es nicht gute kleine Werkzeuge gibt.

Wir kennen das Phänomen aus der Textverarbeitung: Programme wie PageMaker, QuarkXPress oder Corel Draw, mit denen Zeitungen und Zeitschriften layoutet werden, liefern hervorragende Ergebnisse. Wer jedoch schon einmal versucht hat, ohne Vorkenntnisse seinen Monatsbericht damit zu gestalten, wird schnell fluchend die Maus weggeworfen haben. Der Kollege, der die gleiche Aufgabe mit WORD anpackt, ist schon lange damit fertig,

5 Vertrauen Sie den einfachen Instrumenten

während die anderen noch schimpfen – und oft sieht die kleine Lösung sogar besser aus. Für den Hausgebrauch tut's WORD auch. Nein: Es ist eindeutig besser. Es hält nämlich nicht auf und liefert vorzeigbare Ergebnisse.

> Komplexe Instrumente sind gut. Doch in bestimmten Situationen sind sie reiner Unfug.

Dass viele Seminare, Bücher und „Experten" versuchen, Ihnen die großen Instrumente aufzuschwatzen, darf Sie nicht irritieren. Diese Experten wollen einfach nur zeigen, dass sie auch die komplizierten Instrumente beherrschen. Sie wollen damit die Kollegen und andere „Experten" beeindrucken. Dass sie damit dem Anwender, also Ihnen, nicht weiterhelfen, nehmen sie billigend in Kauf. So seltsam das klingt: Für die meisten Experten kommen die eigenen Interessen vor denen ihrer Kunden. Das wundert Sie nicht? Das ist gut. Dann ist gewährleistet, dass Sie nicht auf diese selbst ernannten Experten hören, sondern auf Ihren gesunden Menschenverstand:

Experten kommen aus anderen Welten

> **Profi-Tipp:**
>
> Für kleine und mittlere Projekte sind einfache PM-Tools die besten.

Kleine und schnelle Tools zur Planung

Prüfen Sie diese einfachen PM-Tools und bilden Sie sich Ihr eigenes Urteil. Wir betrachten sechs einfache PM-Planungstools:

- Die Meilenstein-Planung: Das Projekt im Etappen-Überblick
- Die Aktivitäten-Planung: Alle Projektarbeiten auf einen Blick
- Die W-Planung: Wer macht was bis wann?
- Die Zuverlässigkeits-Prüfung: Aufwand und Dauer unterscheiden
- Das Gantt-Diagramm: Die grafische Darstellung
- Projektplanung mit Word und Excel: Einfache Software-Unterstützung

5 Projektplanung: Einfacher ist besser

2. Die Logik der Planung

Diese sechs Planungs-Tools sind durch eine einfache Logik miteinander verbunden: Sie beantworten die häufigsten Fragen von Projektleitern. Allein daran erkennt man, wie pragmatisch diese Instrumente sind.

Überblick mit Meilensteinen

Bei jedem Projekt interessiert den Projektleiter zunächst einmal der grobe Überblick. Diesen liefert die Meilenstein-Planung: Mein Projekt hat zum Beispiel vier Etappen. Schon mit dieser Erkenntnis erhöht sich die Übersichtlichkeit eines Projektes wesentlich. Danach möchte ein Projektleiter meist wissen: Sind diese Meilensteine überhaupt realistisch erreichbar? Das hängt davon ab, wie viel ich für jeden einzelnen Meilenstein tun muss. Diese Frage klärt die Aktivitäten-Planung: Sie listet ganz einfach sämtliche nötigen Tätigkeiten pro Projekt-Etappe auf. Bei wenigen Tätigkeiten pro Etappe ist meist schon auf den ersten Blick klar: Das schaffen wir!

W-Planung

Ab sieben Aktivitäten pro Meilenstein wird es aber unübersichtlich: Das nächste Planungsinstrument wird nötig: die W-Planung. Sie klärt, ob die Meilensteine realistisch erreicht werden können, indem sie die Frage klärt: Wer muss was bis wann fertig stellen, damit wir zum gewünschten Endtermin fertig werden? In vielen Projekten ist damit der Überblick hergestellt: Wir schaffen das. In einigen Projekten kommen dem Projektleiter jedoch Zweifel: Zwar hat jedes Teammitglied gesagt, bis wann es mit seiner Tätigkeit fertig ist – doch wie verlässlich sind diese Zusagen?

Zuverlässigkeit von Terminen

Wir wissen alle, dass gerade die Verlässlichkeit dieser Zusagen über den Projekterfolg entscheidet. Wie oft müssen wir hören, „Tut mir leid, ich schaffe es nicht bis zum Termin"? Viele Projektleiter glauben, da sei eben etwas Unvorhergesehenes dazwischen gekommen. Das ist meist falsch. Wie verlässlich eine Zusage ist, kann man relativ gut einschätzen – wenn man als Projektleiter die Zuverlässigkeits-Prüfung beherrscht, die folgende Frage beantwortet: Wie realistisch sind die Terminzusagen?

Die Meilenstein-Planung   5

Die letzten beiden Planungsinstrumente ergeben sich quasi von selbst: Planung muss sichtbar sein. Das Gantt-Diagramm ist das Universaldiagramm für kleinere und mittlere Projekte. Außerdem wünscht sich jeder Projektleiter eine einfache und schnelle PC-Unterstützung.

Graphische Darstellung

Diese sechs logisch aufeinander aufbauenden Planungsinstrumente betrachten wir nun im Einzelnen.

3. Die Meilenstein-Planung: Das Projekt im Etappen-Überblick

Die Meilenstein-Planung ist eines der denkbar einfachsten und dabei wirksamsten und effizientesten Planungsmittel. Deshalb wird sie im Topmanagement so gerne angewandt: Topmanager wollen es einfach. Sie wollen von komplexen Planungszahlen-Kolonnen verschont bleiben. Die Meilenstein-Planung ist ein genial einfaches Mittel, um mit minimalem Aufwand den vollen Überblick über ein Projekt zu erhalten.

Meilensteine geben den Überblick

> Die Meilenstein-Planung beantwortet eine einzige Frage: Welche Projekt-Etappe erreiche ich bis wann?

Wenn Sie zum Beispiel wissen wollen, wann Sie in Ihrem neu ausgebauten Bad zum ersten Mal die Zähne putzen können, könnten die Meilensteine so aussehen:

- Bis wann habe ich alles geplant und bestellt?
- Bis wann ist der Klempner fertig?
- Bis wann ist der Fliesenleger fertig?
- Bis wann sind die Möbel drin?

Das heißt: Das Projekt „Neues Bad" hat vier Meilensteine. Die großen Vorzüge dieser Planung liegen auf der Hand:

5 Projektplanung: Einfacher ist besser

- Jeder im Projekt weiß, bis wann eine Etappe fertig sein muss, und kann auf diese Teilziele hinarbeiten.

- Ein fast noch größerer Vorteil: Mit der Meilenstein-Planung können Sie Projekt-Betroffenen, Kunden, Auftraggebern und anderen Projektlaien leicht nachvollziehbar und auf den ersten Blick verständlich machen, wie das Projekt abläuft und was bis wann fertig ist.

- Sie bekommen damit explizite Prüftermine für Ihren Projektfortschritt: Sie wissen immer genau, wie weit Sie sind. Wenn Verzögerungen im Projekt auftreten, merken Sie das nicht erst gegen Projektende, wenn es zu spät ist, sondern schon vor dem nächsten Meilenstein-Termin.

- Ihr Projekt wird übersichtlicher. Es ist nicht mehr ein unüberschaubares Riesenprojekt, sondern quasi mehrere überschaubare Teilprojekte.

Wie erstellen Sie eine Meilenstein-Planung? Ganz einfach. Sie müssen sich dafür nur zwei Fragen stellen:

- Was sind die Etappen meines Projektes?
- Wann erreiche ich diese realistisch betrachtet?

Was sind die Etappen?

Vorsicht bei Frage A): Gliedern Sie nicht zu fein! Normalerweise hat ein kleineres bis mittleres Projekt lediglich drei bis fünf Etappenziele. Das ist schön übersichtlich: Ihre Meilensteine können Sie meist an einer Hand abzählen! Jetzt brauchen Sie noch die entsprechenden Endtermine zu diesen Etappen:

Planen Sie vom Endtermin des Gesamtprojekts ausgehend die Endtermine der Teilprojekte.

Betrachten wir diesen Planungsschritt an einem Beispiel. Angenommen, Sie bekommen am 1.8. den Auftrag, eine neue Software zu entwickeln, und haben als Endtermin den 30.11. Als Meilensteine haben Sie ermittelt:

Die Meilenstein-Planung 5

- Konzept erstellt
- Software entwickelt
- Software getestet
- Software freigegeben

Jetzt listen Sie zu jedem Meilenstein die entsprechende Gruppe von Tätigkeiten auf, die so genannten Hauptaufgaben:

Was sind die Hauptaufgaben?

Meilensteine und Hauptaufgaben	
Meilenstein	**Hauptaufgabe**
Konzept erstellt	Konzept erstellen
Software entwickelt	Software entwickeln
Software getestet	Software testen
Software freigegeben	Dokumentation erstellen, Schulungen durchführen

Und jetzt ordnen Sie auf Grund von Erfahrungswerten und/oder realistischen Schätzungen jeder Hauptaufgabe ihre voraussichtliche Dauer zu:

Wie lange dauert es?

Dauer von Aufgaben		
Meilenstein	**Hauptaufgabe**	**Dauer**
Konzept erstellt	Konzept erstellen	4 Wochen
Software entwickelt	Software entwickeln	8 Wochen
Software getestet	Software testen	2 Wochen
Software freigegeben	Dokumentation erstellen, Schulungen durchführen	6 Wochen

5 Projektplanung: Einfacher ist besser

Bis wann erreiche ich die Meilensteine?

Daraus können Sie nun die realistischen Endtermine der einzelnen Etappen errechnen:

Der Meilenstein-Plan			
Meilenstein	Hauptaufgabe	Dauer	resultierender Endtermin
Projektstart			1.8.
Konzept erstellt	Konzept erstellen	4 Wochen	1.9.
Software entwickelt	Software entwickeln	8 Wochen	1.11.
Software getestet	Software testen	2 Wochen	15.11.
Software freigegeben	Dokumentation erstellen, Schulungen durchführen	6 Wochen	31.12.
resultierender Projekt-Endtermin			31.12.
vorgegebener Endtermin			30.11.

An den letzten beiden Tabellenzeilen erkennen Sie, dass Sie als Leiter dieses Projektes ein Problem haben: Ihr Auftraggeber wünscht einen Projektabschluss bis 30.11., nach dem derzeitigen Stand Ihrer Planung ist aber erst der 31.12. realistisch: Es fehlen Ihnen sozusagen vier Wochen.

Und schon passt es nicht

Das heißt auch: Ihre Planung hat sich schon gelohnt! Sie haben dank Ihrer Planung schon eine für Ihren Erfolg entscheidende Information erhalten. Mit dieser Planung können Sie nun zum Auftraggeber gehen und den Projekttermin (oder Budget, Personalausstattung und Qualitätsziele) neu verhandeln. Mit dieser Planung als glaubhafte und überzeugende Basis wird Ihnen diese Verhandlung sehr viel leichter fallen als ohne Meilenstein-Plan.

4. Der Suggestiv-Effekt

Wenn Sie in der Praxis eine Meilenstein-Planung erstellen, werden Sie sich wundern: Der Plan geht meist voll auf! Betrachten wir zum Beispiel ein Privatprojekt „Wintergarten". Ihre Partnerin sagt: „Es wäre schön, wenn wir schon im kommenden Winter einen Wintergarten hätten." In die Projektsprache übersetzt: Endtermin ist der 30.10. Heute ist der 1.7. Das heißt, Sie haben vier Monate Zeit für das Projekt. Ist das zu schaffen? Um diese Frage zu klären, machen Sie im Kopf oder auf einem Zettel eine Meilensteinplanung. Sie skizzieren die Hauptaufgaben:

Nicht Erwartungen planen

- Lieferantensuche
- Planung
- Bauphase
- Einrichtung und Pflanzen besorgen

Dann überlegen Sie, wie lange diese Aufgaben dauern könnten:

- Lieferantensuche: 2 Wochen
- Planung: 2 Wochen
- Bauphase: 2 Monate
- Einrichtung und Pflanzen: 1 Monat

Das geht ja voll auf! Das Projekt wird in vier Monaten beendet sein – also exakt jener Zeit, die Sie zur Verfügung haben! Welch glückliche Fügung! Nein, das ist keine Fügung, das ist der Suggestiv-Effekt. Mit hoher Wahrscheinlichkeit haben Sie nämlich selbst an Heiligabend noch keinen Wintergarten – das suggeriert Ihnen lediglich Ihr Plan. Dieser sieht so plausibel aus, dass man ihm glauben muss.

5 Projektplanung: Einfacher ist besser

Ohne Erfahrung klappt es nur auf dem Papier

Der Haken dabei ist: Wenn Sie noch nie einen Wintergarten gebaut haben, können Sie überhaupt nicht überblicken, ob Ihre Planung stimmt. Sie können dasselbe mit einem Wolkenkratzer machen: Wenn Sie in zwei Jahren einen bauen müssen, dann wird Ihr Meilenstein-Plan exakt nach zwei Jahren enden. Das ist eine unbewusste Denktendenz des Menschen: Wir kalkulieren automatisch so, dass es „aufgeht". Wir geben den Meilenstein-Aktivitäten unbewusst exakt jene Dauer, die den gewünschten Endtermin gewährleistet.

Das Vertrackte daran: Ein schriftlicher Plan suggeriert eine so hohe Glaubwürdigkeit, dass unsere Skepsis, unser gesunder Menschenverstand davon ausgeschaltet werden. Wenn uns jemand sagt, dass er in vier Monaten einen Wintergarten baut, dann sind wir automatisch skeptisch. Wenn wir aber einen Anfangs- und einen Endtermin haben, dann muss das Projekt doch dazwischen passen! Das ist die so genannte normative Kraft des Faktischen: Was schwarz auf weiß steht, muss ja wohl stimmen! Wir hinterfragen es nicht mehr. Genau das ist der Fehler:

> Wenn Sie ein Projekt im Neuland angehen, ist ein Meilenstein-Plan absolut notwendige Voraussetzung. Er reicht aber für die Planungssicherheit nicht aus.

Neuland-Projekte brauchen mehr Details

Denn ein Neuland-Projekt können Sie einfach nicht überblicken. Sie können zum Beispiel gar nicht wissen, dass Sie bei der aktuellen Lage im Handwerk schon allein zwei Monate benötigen, um überhaupt einen halbwegs erschwinglichen Handwerker zu finden. Um also zu beurteilen, ob Ihre Meilenstein-Planung realistisch ist, müssen Sie sich erst einen Überblick verschaffen. Zum Beispiel mit der Aktivitäten-Planung (s.u.).

Wir machen's passend

Je öfter Sie ähnliche Projekte schon abwickeln, desto größer wird Ihr Überblick, desto genauer ist Ihre Meilenstein-Planung auch für

Der Suggestiv-Effekt 5

ein neues Projekt. Wenn Sie dieses neue Projekt planen, werden Sie dabei auf ein Hindernis stoßen: Der geplante Endtermin liegt nach dem gewünschten. Was machen viele Projektleiter in diesem Fall? Sie hauen verärgert auf den Tisch: „Irgendwie muss das trotzdem passen!"

Also machen wir es passend. Wie? Die Antwort liegt auf der Hand: Indem wir die geplanten Tätigkeiten so verkürzen, dass es wieder „passt". Für unser Software-Projekt, das am 30.11. abgeliefert werden soll, nach der Planung aber erst am 31.12. ankommt, heißt das: Wir kürzen so, dass wir vier Wochen einsparen. Das ist eine logische Schlussfolgerung. Was viele Projektleiter aus dieser Schlussfolgerung machen, ist jedoch alles andere als logisch: Wenn vier Wochen fehlen, werden die vier Meilenstein-Tätigkeiten eben entsprechend gekürzt. Das heißt, jede Hauptaufgabe erfährt

Nicht willkürlich kürzen

- eine Terminverkürzung um je eine Woche oder
- eine proportionale Verkürzung des Soll-Zeitaufwandes um 25 %.

Beides wird häufig gemacht. Beides ist ziemlich gefährlich für den Projektleiter, weil es ihn in Teufels Küche bringt. Denn kein Mensch weiß, ob diese Kürzungen überhaupt realistisch sind!

Bevor Sie die Dauer von Aktivitäten kürzen, sollten Sie erst einmal überlegen, ob und wie stark die Kürzungen realisierbar sind!

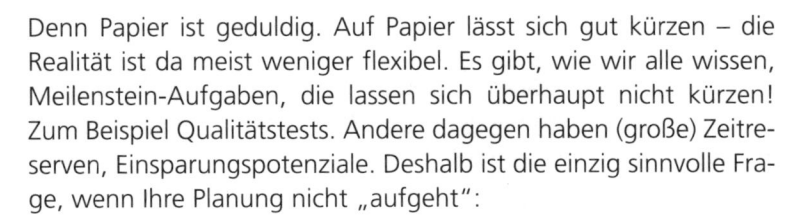

Denn Papier ist geduldig. Auf Papier lässt sich gut kürzen – die Realität ist da meist weniger flexibel. Es gibt, wie wir alle wissen, Meilenstein-Aufgaben, die lassen sich überhaupt nicht kürzen! Zum Beispiel Qualitätstests. Andere dagegen haben (große) Zeitreserven, Einsparungspotenziale. Deshalb ist die einzig sinnvolle Frage, wenn Ihre Planung nicht „aufgeht":

5 Projektplanung: Einfacher ist besser

Die entscheidende Frage: Wo liegen die Einsparpotenziale?

Jetzt ins Detail gehen

Manche Einsparungspotenziale sind offensichtlich. Sie erkennen Sie auf den ersten oder zweiten Blick. Reichen diese Potenziale nicht aus, um Ihre Planung an den vorgegebenen Termin anzupassen, werfen Sie nicht die Flinte ins Korn. Denn es gibt neben den offensichtlichen auch versteckte Potenziale. Sie finden sie, wenn Sie die Meilenstein-Aufgaben in ihre einzelnen Arbeitspakete zerlegen (wie wir das zum Beispiel in der Aktivitäten-Planung tun, s.u.) und deren Einsparungspotenzial prüfen. Sie werden feststellen, dass Sie viele Einzeltätigkeiten

- kürzen oder auch
- ganz streichen können.

5. Die Aktivitäten-Planung: Alle Projektarbeiten auf einen Blick

Mehr Details planen

Die Meilenstein-Planung hat zwei große Vorteile. Sie bringt einerseits Ordnung und Übersicht selbst in die chaotischsten Projekte, und sie ist andererseits wirklich einfach zu handhaben: Gesunder Menschenverstand reicht dafür völlig. Es gibt eigentlich nur drei Gründe, weshalb Sie sie ergänzen sollten. Einen haben Sie schon kennen gelernt: Wenn der Plan nicht „passt" und Sie kürzen müssen, brauchen Sie eine detailliertere Aufschlüsselung der Meilenstein-Aktivitäten.

Es gibt noch einen zweiten Grund für eine detailliertere Planung. Jeder von uns ist ihm begegnet, wenn er schon einmal mitten im Projekt stutzte und sich fragte:

- Wo ist eigentlich …?
- Wer macht eigentlich …?
- Wer kümmert sich um …?

Die Aktivitäten-Planung 5

Plötzlich stellt sich heraus: keiner, weil niemand daran gedacht hat. Man hat die Aktivität, Teilaufgabe, das Arbeitspaket bis zu diesem Zeitpunkt ganz einfach übersehen. Der dritte Grund für eine detailliertere Planung sind Neuland-Projekte: Wenn Sie eine Aufgabe noch nie bearbeitet haben, steckt der Teufel im Detail. Verschaffen Sie sich den Überblick über diese Details. Das geht ganz einfach:

Verantwortlichkeiten festlegen

- Listen Sie sämtliche notwendigen Aktivitäten pro Meilenstein auf.

So unglaublich das klingt: Selbst damit haben viele Projektleiter Schwierigkeiten. Denn viele Aufgabenlisten sehen so aus, zum Beispiel für das Projekt „Entwicklung eines neuen Gartengerätes":

- Karosserie
- Marketing
- Design
- Motor

So sieht eine „normale" Aktivitäten-Liste aus. Eine solche Liste verursacht eine Menge Probleme, die die meisten Projektleiter zwar bemerken. Doch ihnen bleibt unklar, dass ihre Liste die Ursache ist.

Aktivitäten immer mit Verb

- Eine Aktivitäten-Liste aus reinen Hauptwörtern ist irreführend.

Denn eine solche Liste ist sehr missverständlich. Wenn da zum Beispiel „Motor" steht, gehen garantiert einige Teammitglieder davon aus, dass man den Standard-Baureihen-Motor einfach an das neue Gartengerät anpasst. Dabei ist das Gegenteil gemeint: Projektziel ist es, einen neuen Motor extern einzukaufen. Wenn das ein Projektziel ist, dann muss es auch in der Aktivitäten-Liste auftauchen. Es muss drinstehen, was gemacht werden muss. Und das können Sie nur ausdrücken, indem Sie Verben verwenden:

Missverständnisse vermeiden

5 Projektplanung: Einfacher ist besser

Karosserie:

- Karosserie entwerfen
- Karosserie-Modell bauen
- Karosserie abnehmen lassen

Marketing:

- Markteinführung konzipieren

Design:

- Design erstellen
- Design an Focus Group testen

Motor:

- neuen Motor einkaufen

Das sieht schon anders aus. Es ist klar und unmissverständlich, weil Sie sehen, was zu tun ist. Unter einem vormals einzigen Hauptwort können sich sehr viele Tätigkeiten verbergen, die man übersehen oder vergessen hätte, hätte man nur das Hauptwort notiert. Vergessen Sie nicht: Sie machen die Liste, damit Sie nichts vergessen. Und je mehr Tätigkeiten Sie auflisten, desto kleiner wird dieses Risiko.

Struktur für den Überblick

Dafür wächst ein anderes Risiko: dass Sie den Überblick verlieren. Denn selbst bei kleinsten Projekten haben Sie sofort mehr als 20 Aufgaben auf Ihrer Liste. Das wird unübersichtlich. Verschaffen Sie sich wieder den Überblick:

> Struktur bringt den Überblick. Erstellen Sie einen Projekt-Strukturplan.

Jede Struktur, die Ihnen sympathisch ist, ist dabei erlaubt. Viele strukturieren mit Mind Map. Genauso nützlich und beliebt ist aber auch die simple Struktur, einfach alles zu Aktivitäten-Gruppen zusammenzufassen, was irgendwie zusammengehört. Also zum Beispiel sämtliche Vorbereitungs-, sämtliche Konstruktions-, Fertigungs-, Marketing- und sämtliche Dokumentations-Tätigkeiten.

5 Die Aktivitäten-Planung

Verfassen Sie die Aktivitäten-Liste am besten im Team. So können Sie zum einen alle Teammitglieder ins Boot holen. Zum anderen fällt vielen Köpfen immer mehr ein als einem Kopf. Wenn Projektleiter die Aktivitäten-Liste solo aufstellen, tendieren sie dazu, Aktivitäten zu übersehen: ein verhängnisvoller Planungsfehler.

Mit Ihrem Team planen

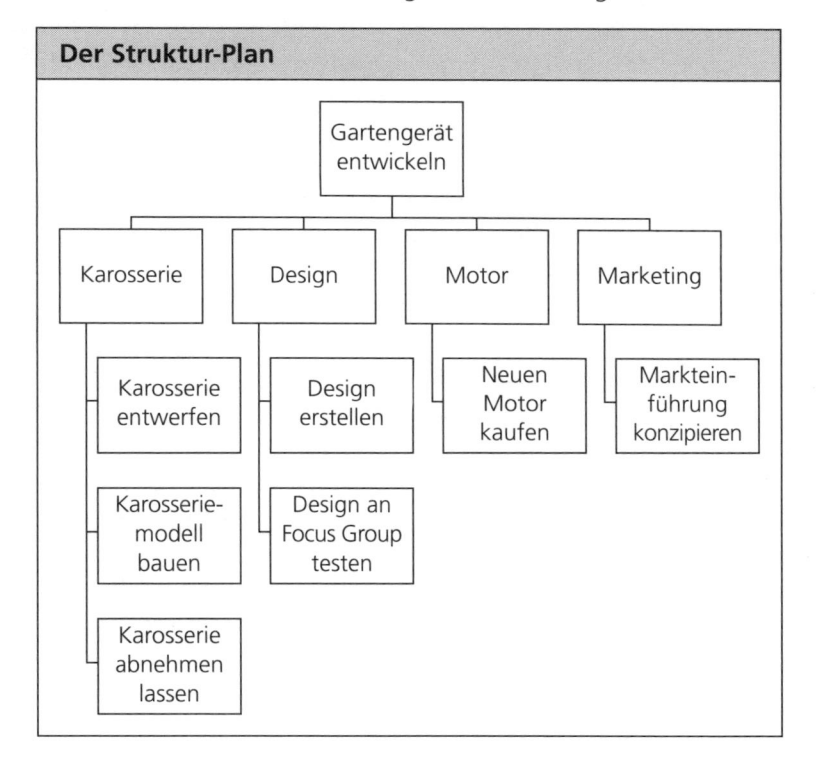

Der Struktur-Plan

```
                    Gartengerät
                    entwickeln
    ┌───────────┬───────┴───────┬───────────┐
Karosserie    Design          Motor      Marketing
    │           │               │            │
Karosserie   Design         Neuen       Markteinentwerfen    erstellen      Motor       führung
                            kaufen      konzipieren
    │           │
Karosserie-  Design an
modell       Focus Group
bauen        testen
    │
Karosserie
abnehmen
lassen
```

Exkurs: Die systematische Irreführung der Projektleiter

Wenn es so einfach ist, eine Struktur in die vielen Tätigkeiten zu bringen, warum haben Sie dann nicht schon in jedem PM-Buch darüber gelesen? Aber das haben Sie doch! In jedem PM-Buch steht so etwas wie: „Zerlegen Sie das Projekt in gedankliche Mo-

5 Projektplanung: Einfacher ist besser

dule von übergeordneten Clustern von Tätigkeiten. Dann zerlegen Sie diese Cluster jeweils wieder in Untergruppen, diese Untergruppen in Bereiche und die Bereiche schließlich in einzelne Arbeitspakete."

Formalismen nur für Riesenprojekte

Nach einer repräsentativen Umfrage unter Seminarteilnehmern ist die einhellige Reaktion auf solche und ähnliche Passagen in Büchern und Seminaren: Wie bitte? Tatsächlich beschreibt diese Passage nichts anderes als das, was Sie gerade eben auch gelesen und ohne Probleme verstanden haben: die Strukturierung der Aktivitäten-Planung. Ohne Witz – diese unverständliche Passage beschreibt exakt die Zusammenfassung zusammengehöriger Tätigkeiten zu Gruppen. Warum stellen das die meisten Autoren, Berater, Experten und Trainer dann so kompliziert dar, dass man es nicht verstehen und damit auch nicht anwenden kann?

Warum kompliziert, wenn es auch einfach geht?

Viele Projektleiter vermuten, dass diese so genannten Experten Einfaches verkomplizieren, um damit mehr Geld zu machen (wenn etwas einfach ist, braucht man keinen Trainer, Autor oder Berater), oder um die Projektleiter bewusst in die Irre zu führen. Berechtigte Annahmen. Tatsächlich ist die Wahrheit viel simpler: Die meisten PM-Experten wollen von ihresgleichen, also den Experten, aber nicht von den Projektleitern verstanden werden, weil sie keinerlei Interesse daran haben, Projektmanagement zu vereinfachen. Warum einfach, wenn's auch kompliziert geht? Die komplizierten PM-Bücher verkaufen sich ja auch so. Schließlich haben auch Sie mindestens eines davon gekauft und nach fünf Seiten zur Seite gelegt.

Tipps für die Aktivitäten-Planung

Obwohl die Aktivitäten-Planung so einfach ist, werden dabei viele Fehler gemacht. Meist wird vor lauter Begeisterung über die umfangreiche Liste, die man dabei erhält, ein Gegencheck vergessen:

> Fragen Sie gruppenweise ab: Welche Tätigkeit, die eigentlich zu dieser Gruppe gehört, haben wir vergessen?

Die Aktivitäten-Planung 5

Das heißt: Sind wirklich alle Tätigkeiten der Fertigung, des Marketing etc. aufgelistet? Als nützlich hat sich auch erwiesen, die Aktivitäten nicht auf einer Liste untereinander zu schreiben, sondern zu gruppieren. Dafür sind Haftetiketten, Metaplan-Karten, Karteikarten oder ganz einfach separate Zettel besser geeignet:

Vollständigkeits-Check: Alles drin?

- 1 Tätigkeit = 1 Zettel

Haftetiketten sind übrigens hervorragend geeignet, die Tätigkeiten später in eine Meilenstein-Planung auf Ihrem Wandkalender zu integrieren.

Die vergessenen Aktivitäten

Wissen Sie, welche Tätigkeiten bei der Aktivitäten-Planung am häufigsten vergessen werden? Das sind die organisatorischen Aktivitäten wie periodische Teamsitzungen, Abstimmungen mit dem Auftraggeber, Tests, Abnahmen, Präsentationen, ...

Und wissen Sie auch, warum sie vergessen werden? Weil sie gar nicht vergessen werden, wie eine Projektleiterin erklärt: „Wozu müssen wir diese Aktivitäten jetzt schon planen? Um die kümmern wir uns schon, wenn sie anfallen." So kann nur ein PM-Greenhorn reden, das noch nie einen Telefonanruf bekam, in dem die nächste Team-Sitzung angekündigt wurde und darauf erwidern musste: „Was? Übermorgen schon? Aber dafür habe ich jetzt keine Zeit!" Warum nicht? Weil sie nicht eingeplant wurde. Warum nicht? Weil die entsprechende Aktivität auf der Aktivitäten-Planung fehlte. Eine alte PM-Weisheit sagt:

Was nicht im Plan steht, gibt Überstunden

- Was man nicht einplant, gibt Überstunden.

Das heißt, die bei der Aktivitäten-Planung vergessene Zwischenabnahme beim Kunden kann man dann nach Feierabend oder am Wochenende vorbereiten. Das bedeutet:

- Planen Sie alles ein, was irgendwie absehbar ist.

5 Projektplanung: Einfacher ist besser

Egal, ob Sie 20 oder 750 Aktivitäten sammeln, die Aktivitäten-Planung ist für jedes Projekt ab mittlerer Größe eine absolut notwendige Grundlage: Um den nötigen Überblick über Ihr Projekt zu bekommen, müssen Sie alle seine notwendigen Aktivitäten kennen. Wohlgemerkt: Die Aktivitäten-Planung ist eine Grundlage. Denn für sich allein genommen ist sie keine komplette Planung, weil zumindest die zeitliche Komponente fehlt.

Der Detailgrad

An dieser Stelle der Aktivitäten-Planung fragen viele meiner Seminarteilnehmer: „Wie weit muss ich beim Sammeln sämtlicher Tätigkeiten ins Detail gehen?" Wenn Sie zum Beispiel „Karosserie entwerfen" aufgelistet haben – reicht das? Oder müssen Sie auch noch die einzelnen untergeordneten Tätigkeiten auflisten wie erster Karosserieentwurf, Abstimmung mit anderen Abteilungen, endgültiger Karosserieentwurf? Ist „Karosserie entwerfen" nun eine oder drei Tätigkeiten auf Ihrem Aktivitäten-Plan?

Die Beispieltätigkeit „Karosserie entwerfen" ist auf jeden Fall mehr als eine Tätigkeit, wenn die einzelnen untergeordneten Tätigkeiten von mehr als einer Person ausgeführt werden.

Wochenaktivitäten reichen meist

Eine Tätigkeit ist auch dann mehr als eine Tätigkeit, wenn sie (bei kleinen und mittleren Projekten) länger als eine Woche dauert. Denn sonst gehen Ihnen Überblick und Steuerungsmöglichkeiten verloren: Wenn zum Beispiel eine vierwöchige Aktivität Verspätung hat, bemerken Sie das erst nach vier Wochen. Wenn Sie diese Aktivität dagegen in vier Wochenaktivitäten aufgliedern, bemerken Sie es günstigstenfalls schon nach einer Woche.

> Eine Tätigkeit ist immer mehr als eine Tätigkeit, wenn mehrere Personen nacheinander daran beteiligt sind und/oder sie länger als eine Woche dauert.

Müssen Sie auch „Kinkerlitzchen" in Ihre Aktivitäten-Planung einstellen? Zum Beispiel einen Bestellvorgang von zehn Minuten? Ja,

Die W-Planung **5**

falls der Schaden groß ist und Sie vergessen haben, sie rechtzeitig anzupacken. Dazu zählt zum Beispiel eine Management-Freigabe oder das Bestellen eines wichtigen Teiles mit einer sehr langen Lieferzeit.

6. Die W-Planung: Wer macht was bis wann?

Nehmen Sie mal als Beobachter an einem Meeting teil. Es wird Sie der Schlag treffen: Unabhängig davon, ob da drei Sachbearbeiter zusammensitzen oder zehn Vorstandsmitglieder mit Millionengehältern, es wird immer derselbe haarsträubende Fehler gemacht.

In diesen Meetings besprechen die Teilnehmer sehr genau und engagiert, was alles wie gemacht werden muss. Das wird dann fein säuberlich protokolliert, und man geht auseinander.

Haben Sie den Fehler bemerkt? Dann sind Sie ein alter Meeting-Hase. Der Fehler ist: In über 95 Prozent aller Meetings bespricht man zwar genau, was wie gemacht werden muss, doch bei viel zu vielen Teilaufgaben weiß keiner so genau,

- wer sich um welche Teilaufgaben kümmern muss und
- bis wann das fertig sein muss.

Nicht vergessen: Wer macht was bis wann!

Wissen Sie, was noch unglaublicher ist? Wenn Sie nicht mehr als Gast, sondern als Akteur an einem Meeting teilnehmen, machen Sie exakt denselben Fehler auch. Projektleiter, die sich selbst dabei beobachten, sind hinterher fassungslos: „Jetzt haben wir wieder nicht geklärt, wer denn nun die Marktstudie durchführt, und für fünf Aktivitäten gibt es keine Endtermine!" Wie kann das passieren? Ganz einfach:

- Über Selbstverständliches redet man nicht.

Geht es um Zuständigkeiten für Aktivitäten, zerfällt jedes Meeting in zwei Gruppen. In jene Teilnehmer, die glauben, „das ist doch klar, wer mit dieser Aktivität gemeint ist" und deshalb nicht darüber reden, und in jene, die nicht wissen, wer damit gemeint ist

Auch „Selbstverständliches" besprechen

5 Projektplanung: Einfacher ist besser

und ebenfalls nicht darüber reden. Diese fragen nicht nach, weil sie fürchten, zurechtgewiesen zu werden: „Was? Das wissen Sie nicht? Das ist doch klar!"

Selbst alte PM-Hasen halten sich bei unklaren Zuständigkeiten zurück, rechnen sie doch mit dieser Antwort: „Wer? Oh, da haben Sie Recht. Das haben wir nicht festgelegt. Wenn Sie schon fragen – könnten nicht Sie …?" Und wer halst sich schon gerne selbst Arbeit auf?

> In jedem Projekt gibt es 10 bis 30 Prozent Tätigkeiten, für die niemand zuständig ist.

Deshalb werden sie nicht erledigt. Deshalb kommt der Projektleiter in Schwierigkeiten und das Projekt in Zeitverzug. In erfahrenen Projektteams übt man deshalb Selbstdisziplin: Keine Tätigkeit ohne Verantwortliche. Die gleiche Problematik gilt auch für Termine:

> Das W-Prinzip:
> Keine Tätigkeit ohne Verantwortliche (Wer?),
> keine Tätigkeit ohne Termin (bis Wann?).

Erfahrene Projektteams haben dieses Prinzip formalisiert: Sie benutzen Formulare auf ihren Meetings. Ein Formular könnte zum Beispiel so aussehen:

Die W-Liste		
Tätigkeit	**Wer?**	**Bis wann?**
Karosserie:		
▪ Karosserie entwerfen	Meier	30.4.
▪ Karosserie-Modell bauen	Schütz	5.5.
▪ Karosserie abnehmen lassen	Schmid	7.5.
Markteinf. konz.	Müller	20.3.
Motor kaufen	Klein	15.2.

5
Die Zuverlässigkeits-Prüfung

Wie wir alle wissen, ist man in Meetings mit Terminen schnell zur Hand. „Schafft ihr das bis zum Dreißigsten?" „Jaja, das schaffen wir schon." Das ist eine Einladung zur Projektsabotage.

- Termine sollten realistisch sein.

Das ist leichter gesagt, als getan. Die meisten Projektteilnehmer haben große Probleme, einzuschätzen, ob ein Termin tatsächlich eingehalten werden kann. Einige erkennen das Problem und glauben, einen Netzplan aufstellen zu müssen, um es zu lösen. Sie werden dabei natürlich von den so genannten Experten unterstützt.

- Wer in einem kleinen bis mittleren Projekt einen Netzplan (siehe auch Glossar) benötigt, um festzustellen, ob ein Termin für eine Aktivität gehalten werden kann oder nicht, der schießt mit Kanonen auf Spatzen.

Ein Netzplan ist ein typisches Instrument zur Komplexitätsreduktion. Und komplex sind in der Regel nur große bis sehr große Projekte. Es gibt ein viel einfacheres und schnelleres Testverfahren, um herauszufinden, ob ein Termin realistisch gewählt ist oder nicht.

7. Die Zuverlässigkeits-Prüfung: Aufwand und Dauer unterscheiden

Dies ist einer der spannendsten Abschnitte in diesem Buch. Denn jetzt kommen wir dem Rätsel auf die Spur, warum 90 Prozent aller Projekte große Probleme mit dem Endtermin haben:

- Terminprobleme liegen nur zu 30% an zu engen Terminen, aber zu 70% an den Mängeln der Terminplanung.

Betrachten wir ein Beispiel, wie es sich täglich tausendfach wiederholt:

„Hans, wie viel Zeit brauchst du für Tätigkeit 41?"

„Hm, ich schätze mal, so maximal 20 Stunden."

5
Projektplanung: Einfacher ist besser

Sobald Hans das sagt, läuft im Kopf aller Meeting-Teilnehmer folgende Rechnung ab:

„20 Stunden – jetzt haben wir Mitte April – Endtermin für T41 ist Ende Mai – also kein Problem."

Wenn Sie etwas Projekterfahrung mitbringen, haben Sie jetzt Bauchweh bekommen: Hier hat eine Projektgruppe eben einen katastrophalen Fehler begangen. Sie hat diesen Fehler nicht einmal bemerkt – was ein zweiter Fehler ist. Und sie hat ihn nicht korrigiert – der dritte Fehler. Sie wird diesen Fehler bei der nächsten Gelegenheit wiederholen – der vierte Fehler. Vier Fehler auf einmal? Eine reife Leistung. Diese Fehler wirken sich – Sie ahnen es schon – katastrophal aus.

Wer Aufwand und Dauer nicht unterscheidet, startet zu spät

Weil Hans meint, jede Menge Zeit zu haben, beginnt er erst am zweiten Mai mit Aktivität 41. Wird er bis zum 31. Mai mit seinen 20 Stunden fertig? Nein. Denn im Mai muss er einen Messeauftritt vorbereiten und für vier Tage nach Genf reisen. Weil er ohnehin nur circa eine Stunde am Tag für das Projekt arbeiten kann, muss er kurz vor dem 31. Mai mitteilen: „Tut mir Leid, ich werde nicht zum Termin fertig." Der Projektleiter ist außer sich: „Wie bitte? Du hattest sechs Wochen Zeit und hast die Frechheit, mir jetzt zu sagen, dass du lächerliche 20 Stunden nicht untergebracht hast?" Hier kriegen zwei gute alte Kollegen Streit, weil keiner von beiden ein ganz simples PM-Planungsverfahren einsetzte, das aus einer einzigen Frage besteht:

Wann muss ich spätestens anfangen, damit ich pünktlich fertig bin?

Wie viel Zeit habe ich für das Projekt?

Das heißt: Wann muss ich unter Berücksichtigung

- meiner sonstigen Tätigkeiten und Verpflichtungen und
- meiner relativ fixen täglichen Projekt-Arbeitszeit

spätestens mit der Arbeit am Projekt beginnen, um den vereinbarten Endtermin halten zu können? Zu den sonstigen Tätigkeiten

Die Zuverlässigkeits-Prüfung 5

zählen natürlich auch Urlaub, Reisen, Seminare, ... Noch viel wichtiger ist jedoch die tägliche Projekt-Arbeitszeit: Wie viel Stunden kann ich im Schnitt täglich fürs Projekt erübrigen?

Da sich Hans täglich nur eine Stunde ums Projekt kümmern kann, dauert seine Aktivität 41 also schon mal 20 Arbeitstage. Damit ist der ganze Mai bereits verplant! Im Mai ist er jedoch auch vier Tage in Genf und muss fünf Tage lang eine Messeaktion vorbereiten. Er müsste also neun Tage vor dem 1. Mai mit T41 beginnen. Das heißt: Als Hans am 2. Mai mit T41 und der Überzeugung beginnt, dass er „locker" bis zum vereinbarten Termin fertig wird, ist es bereits zu spät. Zum Zeitpunkt seines Arbeitsbeginns hatte er schon zwei Wochen Rückstand! Um pünktlich fertig zu werden, hätte er schon Mitte April beginnen müssen. Sinnvollerweise sollten Sie also die W-Planung um den spätestmöglichen Anfangszeitpunkt ergänzen:

Tagesgeschäft berücksichtigen

Die erweiterte W-Liste				
Tätigkeit	**Wer?**	**Aufwand (in Std.)**	**spätester Beginn**	**bis wann fertig?**
Karosserie:				
■ Karosserie entwerfen	Meier	60	1.3.	30.4.
■ Karosserie-Modell bauen	Schütz	20	1.5.	5.5.
■ Karosserie abnehmen lassen	Schmid	2	6.5.	10.5.
Markteinf. konz.	Müller	20	1.2.	20.3.
Motor kaufen	Klein	15	1.1.	15.2.

5 Projektplanung: Einfacher ist besser

Wie kann ein solcher Fehler überhaupt passieren? Warum planen Menschen ohne spätesten Beginn? Die exakte Erklärung ist relativ simpel:

- Die meisten Menschen verwechseln Aufwand und Dauer.

Dauer ist viel größer als Aufwand

Die Dauer einer Tätigkeit ist meist viel größer als der bloße Aufwand – es sei denn, Sie hätten gerade nichts anderes zu tun und könnten ohne jede Ablenkung ausschließlich an dieser einen Aufgabe arbeiten. In unserem Beispiel war der Aufwand 20 Stunden. Hören wir „20 Stunden", glauben wir, dies in nicht mal drei Arbeitstagen erledigt zu haben. Dass wir diese drei Tage nicht am Stück zur Verfügung haben, ist uns im ersten Moment nicht bewusst. Dass aus einem Aufwand von 20 Stunden, wie in unserem Beispiel, leicht eine Dauer von sechs Wochen und mehr werden kann, ist uns noch viel weniger bewusst – weil wir Aufwand und Dauer verwechseln. Für unser Beispiel heißt das:

Tätigkeit 41

Aufwand   20 Stunden

Dauer   6 Wochen

Übrigens, Sie können sich eine Eselsbrücke bauen, um der Verwechslung von Dauer und Aufwand vorzubeugen. Wenn Sie den Aufwand für eine Tätigkeit immer in Stunden und die Dauer in Tagen oder Wochen angeben, verwechseln Sie beides nicht mehr so leicht:

Auf den letzten Drücker

Jetzt wissen Sie auch, woher das „Auf den letzten Drücker-Syndrom" kommt, warum viele von uns in immer größere Hektik geraten, je näher der Abgabetermin unserer Aufgabe rückt: Wir bemerken plötzlich, dass wir uns bei der Dauer der Tätigkeit erheblich verrechnet haben. Dann ist es zu spät. Wer denkt bei einer Tätigkeit von 20 Stunden auch an eine Dauer von sechs Wochen? Ein Projektleiter, der sich mit der Projektplanung auskennt.

5 Das Gantt-Diagramm

8. Das Gantt-Diagramm: Die grafische Darstellung

Das Gantt-Diagramm ist das weltweit am häufigsten bei der Projektplanung verwendete Diagramm.

Das Gantt-Diagramm

Tätigkeit	Wer?	Std.	Januar					Februar				März				April				Mai			
			1	2	3	4	5	6	7	8	9	10	11	12	13	14	15	16	17	18	19	20	21
Motor kaufen	Klein	15																					
Markteinf. konz.	Müller	20																					
Karosserie entwerfen	Meier	60																					
Modell bauen	Schütz	20																					
Karosserie abnehmen	Schmid	2																					

Wenn ein Projektleiter seinem Vorgesetzten, einem Kollegen oder einem Kunden einen Plan von seinem Projekt zeigt, dann meist in Form eines Gantt-Diagramms. Jeder von uns hat schon einmal so ein Diagramm gesehen. Oft wird es auch Balkendiagramm genannt. Es ist selbst für einen Laien (wie Ihre Kunden, Auftraggeber etc.) auf den ersten Blick verständlich, es ist übersichtlich, praktisch und vor allem schnell erstellt. Sie müssen noch nicht einmal die Maske, also das Blanko-Formular, dafür selbst erstellen. Sie können es sich inzwischen sogar schon aus dem Internet herunterladen (zum Beispiel: www.psconsult.de).

Im Prinzip ist das Gantt-Diagramm einfach nur ein Kalender. Es ist ein Diagramm, bei dem oben horizontal die Tage oder Wochen eingetragen sind und auf der linken Seite vertikal alle Aktivitäten. Und zwar in der Reihenfolge: Was zuerst begonnen wird, steht oben. Im Diagramm wird zwischen dem Start- und dem Endtermin jeder Tätigkeit ein Balken eingezeichnet. Diese einfache Darstellung bietet große Vorteile:

5 Projektplanung: Einfacher ist besser

- Sie verschlafen keine Aktivitäten, weil Sie jederzeit auf den ersten Blick sehen können, wann Sie beginnen müssen.
- Sie überziehen keine Aktivitäten, weil Sie den Endtermin täglich vor Augen haben.
- Sie können genau überblicken, welche nachfolgenden Tätigkeiten sich in Folge eines nicht eingehaltenen Endtermins herauszögern.
- Sie holen sich jeden Tag eine kleine Belohnung ab, weil Sie jeden Tag den Fortschritt Ihres Projektes sehen.
- Sie wissen auf den ersten Blick, wo Sie mit Ihrem Projekt stehen.

Fehler beim Gantt-Diagramm

So einfach das Gantt-Diagramm ist, einige Projektleiter schaffen es tatsächlich auch hier, Fehler zu begehen. Betrachten wir die häufigsten sechs:

Ohne PM-Software

- Der *Software-Fehler*: Vielen Projektleitern ist das Gantt-Diagramm zu einfach. Sie verzichten darauf, weil sie glauben, zur Projektplanung extra eine spezielle PM-Software einsetzen zu müssen. Diese ist dann so komplex, unverständlich und unbequem, dass sie schnell die Finger davon lassen. Resultat: Es wird gar keine Planung gemacht – das Projekt rast im Blindflug auf alle Hindernisse zu, die im Weg liegen. Merke: Gar keine Planung ist die schlechteste Planung.

Andere einbeziehen

- Der *Schubladen-Fehler*: Etliche Projektleiter bewahren das Gantt-Diagramm in der Schreibtischschublade, im PC oder im Leitz-Ordner auf. Dort hat es nichts zu suchen. Das Diagramm kann nämlich nur dann seine segensreiche Wirkung entfalten, wenn Sie es täglich vor Augen haben. Das heißt: in Augenhöhe gegenüber oder neben dem Schreibtisch aufhängen. Und zwar nicht nur an Ihrem Schreibtisch, sondern auch an jedem Schreibtisch jedes Teammitgliedes. Wie gut

Das Gantt-Diagramm 5

ein Projektleiter ist, erkennen Sie auch an seinem Schreibtisch: Es muss sich ein Gantt-Diagramm in seinem Blickfeld befinden.

- Der *Schönwetter-Fehler*: Ein weiterer Fehler beim Gantt-Diagramm ist die Schönwetter-Planung. Das heißt, es werden Balken für Aktivitäten gezeichnet, als ob es schönes Wetter sei, als ob man die Ressourcen für diese Aktivitäten tatsächlich zur Verfügung hätte. Zeichnen Sie einen Balken erst, wenn Sie die nötigen Kapazitäten, Maschinen, Menschen, Finanzmittel etc. für die entsprechende Tätigkeit abgestimmt und durch Zusagen abgesichert haben.

Zusagen einholen

- Der *Abwesenheits-Fehler*: Es wird vergessen, Urlaubstage, Reisen, Kundenbesuche und andere Anlässe für eine längerfristige Abwesenheit einzutragen. Für viele Unternehmen gilt: Zwischen Juni und August ist immer einer aus dem Projektteam im Urlaub. Merke: Wenn in einer bestimmten Zeit nichts oder nicht viel läuft, muss dies im Diagramm berücksichtigt werden – also kein Balken für die entsprechende Aktivität.

Abwesenheit einplanen

- Der *Abhängigkeits-Fehler*: Angenommen, laut Ihrem Gantt-Diagramm starten die Tätigkeiten 9 und 10 am 1.9. Leider beginnt Tätigkeit 10 tatsächlich einen Monat später, weil Sie übersehen haben, dass für einen Start von Tätigkeit 10 erst Tätigkeit 15 beendet sein muss. Prüfen Sie deshalb bei jedem Anfangszeitpunkt einer Aktivität, ob diese zum vorgesehenen Zeitpunkt überhaupt schon starten kann. Sind alle Voraussetzungen erfüllt? Bei kleinen bis mittleren Projekten reicht für diese Prüfung der gesunde Menschenverstand aus.

- Der *Multiplikations-Fehler*: Unerfahrene Projektleiter sind geradezu paralysiert, wenn die Verzögerungen in ihrem Projekt „explodieren". So kommt es zum Beispiel vor, dass sich eine kritische Tätigkeit um nur einen einzigen Tag verzögert, einige nachfolgenden Tätigkeiten deshalb jedoch um zehn Tage.

Puffer einplanen

5 Projektplanung: Einfacher ist besser

> Wenn sich kritische Tätigkeiten verzögern, verzögern sich nachfolgende Tätigkeiten oft überproportional.

Stellen Sie sich vor, Sie haben den Beginn der technischen Dokumentation fest für den 2. Mai eingeplant. Weil eine kritische Tätigkeit noch nicht beendet ist, beginnt die Abteilung technische Dokumentation jedoch am 2. Mai mit einer anderen, projektfremden Tätigkeit, welche die Kapazität der Abteilung volle zehn Tage bindet – schon hat sich Ihre Projektverzögerung verzehnfacht! Eine weitere Ursache für Verzögerungs-Explosionen: Wenn die kritische Tätigkeit endlich beendet ist, stehen die zuständigen Fachleute nicht mehr zur Verfügung. Sie sind zum Beispiel auf einer Messe, im Ausland, beim Kunden, auf einer Tagung, kurz: unerreichbar.

Wenn Sie den Überblick über Ihr Projekt noch steigern wollen, malen Sie Ihre Balken in zwei Farben.

- blaue Balken: Aktivitäten, die sich verzögern können, ohne dass andere Aktivitäten aufgehalten werden;
- rote Balken: Wenn sich diese Arbeitspakete verspäten, verspäten sich automatisch auch nachfolgende Aktivitäten. Diese rot gekennzeichneten Aktivitäten nennt man daher auch kritische Aktivitäten.

Es empfiehlt sich also, die kritischen Tätigkeiten besonders im Auge zu behalten. Das fällt leicht, wenn sie rot markiert sind.

9. Qualitätsprüfung für Ihre Planung

Am Ende der Planung fühlt man sich als Projektleiter meist sehr viel sicherer: Meilenstein-Planung, Aktivitäten-Planung, W-Planung und Gantt-Diagramm geben Planungssicherheit. Leider sind viele Projektleiter so stolz auf ihre Planung, dass sie eine entscheidende Frage vergessen:

5 Qualitätsprüfung für Ihre Planung

Wie gut ist Ihre Planung?

Wir alle machen Fehler. Vor allem Projektpläne strotzen nur so vor Fehlern. Das ist nicht schlimm, wenn wir diese Fehler kennen und vermeiden. Achten Sie vor allem auf vier kritische Punkte.

- Ist Ihre Planung vollständig? Eliminieren Sie Weiße Flecken.
- Ist Ihre Planung zuverlässig? Lassen Sie sich nicht mit unverbindlichen Zusagen abspeisen.
- Ist Ihre Planung konkret? Konkretisieren Sie Arbeitspaket-Bezeichnungen.
- Ist Ihre Planung realistisch? Vermeiden Sie Schönwetter-Planung.

Eliminieren Sie Weiße Flecken

Schauen Sie nochmals auf Ihren W-Plan und stellen Sie sich dabei eine einfache Frage: Bei wie vielen Tätigkeiten wissen Sie nicht, wer sie ausführt?

Erschreckend, nicht wahr? Erschreckend, wie oft im W-Plan nur „Marketing" steht oder „Konstruktion" oder der Name einer anderen Abteilung. Dabei ist völlig unklar, ob diese Abteilung überhaupt eine Person für diese Tätigkeit abstellen wird oder kann.

Sind Projektleiter, denen dieser Fehler unterläuft, dumm? Warum verplanen sie die Kapazitäten einer fremden Abteilung, ohne zu wissen, ob diese Kapazitäten überhaupt vorhanden, geschweige denn frei sind? Antwort: „Weil die Abteilung schließlich dafür da ist! Wer sollte es sonst tun? Schließlich werden die dafür bezahlt! Außerdem ist mein Projekt so wichtig, dass die das einfach tun müssen." Diese Erwartungshaltung entspricht nicht der Realität.

> **Profi-Tipp:**
> Treffen Sie bezüglich fremder Kapazitäten keine Annahmen. Kapazitätszusagen sind besser.

5 Projektplanung: Einfacher ist besser

Holen Sie sich daher für jede Tätigkeit auf Ihrer W-Liste die Zusage der Abteilung oder des Ausführenden ein. Das klingt einfach? Dann ist Ihnen sicher noch nie der folgende Fehler unterlaufen.

Lassen Sie sich nicht abspeisen

Die meisten Projektleiter wissen, dass man keine Kapazitäten verplanen soll, ohne sich zuerst Zusagen einzuholen. Also besorgen sie sich welche:

„Ich brauche Ihre Unterstützung bei der Konstruktion."

„Jaja, kriegen Sie, kein Problem."

Holen Sie sich konkrete Zusagen

Wenn Sie sich damit zufrieden geben, müssen wir uns ernsthaft Sorgen um Ihre berufliche Zukunft machen. Natürlich wird Sie jeder Linienfürst (siehe auch Glossar) der vollen Unterstützung für Ihr Projekt versichern. Sie meinen natürlich, er unterstützt es mit Kapazitäten. Dabei schließt er Sie wohlwollend in sein Morgengebet ein.

> **Profi-Tipp:**
> Trauen Sie niemals Pauschalzusagen von Kapazitäten.

Pauschalzusagen sind unzuverlässig. Wenn Sie keine Unterstützung erhalten und sich darüber beklagen, sagt der Linienfürst: „So war das aber nicht ausgemacht!" Und damit hat er sogar Recht! Denn Pauschalzusagen sind viel zu ungenau, um als verbindlich zu gelten. Es gibt nur eine einzige Zusage, auf die Sie sich verlassen können:

„Ja, wir planen für Sie im Mai und Juni jeweils acht Wochenstunden ein. Sie bekommen dafür Herrn Meier."

Eine Zusage kann Sie erst zufrieden stellen, wenn sie folgende drei Punkte enthält:

- Zeitraum
- Anzahl der Personenstunden
- Name des Ausführenden

Qualitätsprüfung für Ihre Planung 5

Erst dann stimmt Ihre Planung. Vorher ist sie falsch. Am besten, Sie tippen diese Zusage nach Erhalt wortwörtlich als interne Nachricht an den zurück, der sie gegeben hat. Verbunden mit einem herzlichen Dankeschön. Denn was er schwarz auf weiß besitzt, kann er nicht vergessen.

Danach gehen Sie am besten zu Herrn Meier und stellen sicher, dass auch in seinem Kalender die zugesagten acht Wochenstunden stehen – und nicht nur im Kalender des Abteilungsleiters! Wenn Herr Meier dabei zum ersten Mal etwas von Ihrem Projekt hört, versteht es sich von selbst, dass Sie ihm eine erste Orientierung geben, um ihn auch innerlich ins Boot zu holen, ihn für Ihr Projekt zu motivieren.

Konkretisieren Sie Arbeitspaket-Bezeichnungen

Wenn Sie sich Ihren W-Plan und das Gantt-Diagramm anschauen, wird Ihnen sicher etwas auffallen: Können die Projektmitarbeiter damit überhaupt etwas anfangen? „Marktstudie erstellen" – was soll das heißen? Eine explorative oder eine repräsentative Studie? Direktbefragung oder Sekundärforschung?

> In der Regel ist eine Arbeitspaket-Bezeichnung als Arbeitsanweisung nicht ausreichend.

Das heißt: Sie erschweren und verzögern Ihr Projekt allein schon dadurch, dass Sie nicht konkret genug delegieren! Denn am Tag, an dem der entsprechende Kollege mit seiner Arbeit beginnen will, studiert er nochmals den W-Plan und bemerkt, dass er gar nicht weiß, was denn nun genau von ihm verlangt wird; also

- liefert er das, was er immer liefert, wenn er „solche Dinge" machen muss – das ist jedoch nicht unbedingt das, was Sie erwarten;
- liefert er sein Arbeitspaket viel zu spät ab, weil er erst mit Ihnen und möglicherweise auch mit anderen abstimmen muss, was denn nun konkret von ihm erwartet wird. Bis alle unter einen Hut kommen, dauert das oft Tage.

Klar und unmissverständlich delegieren

5 Projektplanung: Einfacher ist besser

> Jeder, der ein Arbeitspaket bekommt, bekommt dafür von Ihnen auch einen detaillierten Auftrag.

Dieser Auftrag ist erst komplett, wenn er vier Komponenten aufweist:

Checkliste: Arbeitspakete delegieren

Jedem, dem Sie ein Arbeitspaket geben, muss vollständig und unmissverständlich klar sein:

- Was genau erwarten Sie als Ergebnis seiner Arbeit?
- Bis wann erwarten Sie das Ergebnis?
- Was ist Ihr Messkriterium für dieses Ergebnis? Das heißt: Anhand welcher messbaren Größe(n) oder anhand welcher subjektiven Einschätzung entscheiden Sie, ob sein Ergebnis ausgezeichnet, akzeptabel oder nachbesserungsbedürftig ist?
- Wie wird sein Ergebnis im nächsten Projektschritt weiterverwertet? (Unterschätzen Sie nicht die Motivationswirkung dieser Frage! Kein Projektmitarbeiter blamiert sich gerne vor dem Kollegen, der seine Fehler möglicherweise ausbaden muss.)
- Was genau benötigt er, um sein Arbeitspaket zu liefern? Hat er diese Ressourcen oder müssen diese erst noch besorgt werden?

---

10. Bitte keine Schönwetter-Planung

Schauen Sie Ihr Gantt-Diagramm nochmals genau an und stellen Sie sich eine weitere Frage zur Planungssicherheit:

> Funktioniert dieser Plan nur, wenn alles reibungslos läuft?

5 Bitte keine Schönwetter-Planung

Was wollen Sie mit Ihrer Projektplanung erreichen? Dass alles so läuft, wie Sie es geplant haben. Das kann es aber nur, wenn Sie nicht an der Realität vorbeiplanen. Eine Planung muss vor allem eines sein: realistisch. Sagen Sie selbst: Wie realistisch ist es, dass wirklich alles reibungslos läuft, kein Projektmitarbeiter krank wird, auch nur einen Schnupfen hat und für drei Tage ausfällt, dass alle Lieferanten wie geplant und in der vereinbarten Qualität liefern und sich nichts verzögert? Das ist nicht nur höchst unwahrscheinlich, sondern geradezu unmöglich. Wie wappnen Sie sich dagegen, dass die unvermeidlichen Verzögerungen Ihren schönen Projektplan über den Haufen werfen und der Auftraggeber Sie schräg von der Seite ansieht?

Sicherheit gezielt einbauen

- Planen Sie Termine realistisch: Puffern Sie.

Zwei Arten von Puffern

Puffer sind eine sehr nützliche Planungshilfe. Wir unterscheiden zwei Arten:

- Gezielte Puffer und
- pauschale Puffer.

> **Profi-Tipp:**
> Wo würden Ihnen Verzögerungen im Projektverlauf am stärksten weh tun? An dieser Stelle setzen Sie gezielte Puffer.

Wenn Sie zum Beispiel am Freitag eine entscheidende Kundenpräsentation haben, werden Sie das geplante Ende der vorangehenden Tätigkeit nicht auf Donnerstag festlegen. Denn wenn diese Tätigkeit sich auch nur um einen Tag verspätet, können Sie die Präsentation nicht halten und haben einen wütenden Kunden am Hals. Also puffern Sie gezielt diese vorangehende Tätigkeit, zum Beispiel mit zwei Tagen. Wenn diese kritische Tätigkeit eigentlich vier Tage dauert, dann geben Sie ihr sechs. Damit haben Sie Mittwoch und Don-

Vor kritischen Meilensteinen

5 Projektplanung: Einfacher ist besser

nerstag als Puffer. Sicher ist sicher. Gezielte Puffer sollten immer in die Planung für vorangehende Tätigkeiten eingehen.

Ein typischer Anlass für Puffer sind Meilensteine: Wenn Sie für den 31. August einen Meilenstein geplant haben, möchten Sie nicht, dass Auftraggeber und Kunden, die auf Meilensteine besonders achten, große Augen machen. Also puffern Sie alle Tätigkeiten davor, welche das termingerechte Erreichen des Meilensteins verhindern könnten. Es ist immer peinlich, wenn ein Projekt einen Meilenstein versäumt und alle denken, dass der Projektleiter fachlich inkompetent ist – dabei hat er lediglich vergessen zu puffern!

Vor festen Terminen

Einen weiteren Anlass für gezielte Puffer haben Sie bereits kennen gelernt: den Multiplikations-Fehler beim Gantt-Diagramm. Selbst wenn der Endtermin für eine Tätigkeit nur um einen Tag überschritten wird, verzögert sich die darauf folgende Tätigkeit bereits um ein Mehrfaches, zum Beispiel um zehn Tage, weil die entsprechenden Ressourcen schon anderweitig verplant sind. Bestes Beispiel: Wenn Sie eine Viertelstunde zu spät zum Abflug an den Flughafen kommen, sind Sie nicht eine Viertelstunde zu spät am Zielort, sondern einen Tag, oder gar eine Woche, je nachdem, wann Sie wieder einen Platz buchen können.

> Vor Aktivitäten, bei denen Multiplikations-Effekte auftreten können, müssen Sie puffern!

Puffer für Mehrarbeit und Unvorhergesehenes

Neben den gezielten Puffern sollten Sie auch von den pauschalen Puffern Gebrauch machen. Das sind Puffer, die Sie nicht gezielt für kritische Tätigkeiten berücksichtigen, sondern eher nach Erfahrungswerten in allen Tätigkeiten. Wenn Sie zum Beispiel das Ende eines Arbeitspaketes am Donnerstag und den Beginn des darauf folgenden am Freitag geplant haben: Puffern Sie! Denn welcher Mensch beginnt schon am Freitag mit einer neuen Aufgabe? Puffer = 1 Tag. Dasselbe gilt natürlich für Feiertage, Reisen, Messen, Kundenbesuche etc.

Wenn ein Ausführender Ihnen sagt, dass er drei Tage für ein Paket braucht – puffern Sie! Es sei denn, Sie wissen, dass er bereits ge-

Die Abstimmung mit dem Arbeitgeber 5

puffert hat. Immer wieder platzt ein quengelnder Kunde, Vorgesetzter oder Kollege herein, die Sie um etwas bitten, das Sie aus Ihrem Arbeitsrhythmus bringt. Das heißt, eine Arbeit von drei Tagen dauert automatisch vier – wenn man alle Störungen, Meetings, Pannen und Unvorhergesehenes berücksichtigt. Und das müssen Sie. Denn Störungen sind Alltagsrealität. Sie wollen doch realistisch planen, oder?

Zu den pauschalen Puffern zählen schließlich die Pappenheimer-Puffer. Sie kennen Ihre Pappenheimer: Team-Mitglieder, die tausend Dinge gleichzeitig erledigen, Berufsoptimisten, ewig Reisende, Marathon-Meeting-Teilnehmer und Dauerbegeisterte, die alles stehen und liegen lassen, sobald eine neue Idee am Horizont auftaucht. Kurz: Alle Kollegen, welche noch niemals in vier Tagen fertig waren, wenn sie vier Tage versprochen hatten. Puffern Sie Pappenheimer nach Ihren Erfahrungswerten. Darauf meinte ein erschrockener Seminarteilnehmer einmal: „Dann muss ich beim Kollegen Müller doch glatt hundert Prozent seiner zugesagten Bearbeitungszeit draufpuffern! Ist das nicht zu viel?" Klare Antwort: Nein. Wenn Sie zuverlässig wissen, dass der liebe Kollege im Schnitt mit hundertprozentiger Verspätung anliefert, dann gibt es nur eines: Sie müssen diese hundert Prozent puffern. Alles andere ist grobe Fahrlässigkeit.

„Pappenheimer"-Puffer

11. Die Abstimmung mit dem Auftraggeber

Da stehen Sie nun mit Ihrer wunderbaren, zuverlässigen und realistischen Planung – und haben ein ganz mieses Gefühl. Denn die Realität, die Sie in Ihre Planung einbeziehen, hat an einigen Stellen so gut wie nichts mehr mit den Vorstellungen Ihres Auftraggebers gemeinsam. Machen Sie sich keine Vorwürfe: Das muss so sein!

Ihr Plan passt nicht zu den ersten Erwartungen

> Die Detailplanung eines Projektes wird immer von den Vorstellungen des Auftraggebers abweichen.

5 Projektplanung: Einfacher ist besser

Das Unmögliche möglich machen?

Das liegt in der Natur der Sache. Wenn der Auftraggeber ebenso detailliert geplant hätte wie Sie, wäre er zum gleichen Ergebnis gekommen. Leider machen sich diesen Zusammenhang viele Projektleiter nicht klar. Sie lassen sich vielmehr ins Bockshorn jagen: „Oje! Das weicht ja völlig von dem ab, was der Auftraggeber will! Das kann ich ihm unmöglich sagen!" Also versuchen sie, das Unmögliche möglich zu machen, was aber ausnahmslos katastrophale Konsequenzen hat:

- Wer nach der Planung sieht, dass die Vorstellungen des Auftraggebers an einigen Stellen nicht umgesetzt werden können, dies aber dem Auftraggeber vorenthält, wirft damit de facto seine Planung in den Papierkorb.

- Schlimmer noch. Wer dies einmal getan hat, plant nie wieder, „weil es ja sowieso keinen Wert hat".

- Wer versucht, das Unmögliche möglich zu machen, brennt aus. Das Unmögliche ist unmöglich. Man kann das einmal machen. Doch schon beim zweiten Mal ist man ein Burnout-Fall auf Abruf.

- Wer versucht, das Unmögliche möglich zu machen, scheitert und wird von jedem als Schuldiger abgestempelt. Das Eingeständnis zu Beginn: „Da ist einiges schlicht unmöglich – wir sollten uns Alternativen überlegen", hätte zwar auch Ärger gegeben. Doch das Stigma des Scheiterns hätte er sich erspart.

Mit dem Auftraggeber verhandeln

Diese schlimmen Folgen des Verschweigens lassen nur einen Schluss zu. Sie müssen es Ihrem Auftraggeber sagen. Davor haben die meisten Projektleiter eine Heidenangst.

> Angst vor dem Auftraggeber ist menschlich und normal. Alle Projektleiter haben sie hin und wieder.

Sie können diese Angst entscheidend reduzieren, indem Sie sich sagen: „Besser jetzt als später!" Sie können sich dabei auch an Vorbildern orientieren: Sicher sind Sie schon mal aus einem Ge-

5 Die Abstimmung mit dem Arbeitgeber

schäft gegangen und haben mehr bezahlt, als Sie eigentlich ausgeben wollten, waren aber sehr zufrieden mit Ihrer Anschaffung: Wie hat der Verkäufer das geschafft?

> Wenn Sie vernünftig mit ihm reden, lässt jeder Auftraggeber mit sich reden.

Nun, der Verkäufer hat es geschafft, weil er Sie davon überzeugen konnte, dass Sie zu Ihrem geplanten Preis nicht die Qualität erhalten hätten, die Sie sich wünschen. Dabei hat er Sie aber nicht gedrängt, sondern die Entscheidung Ihnen überlassen. Das ist das ganze Erfolgsgeheimnis. Und wenn ein Verkäufer das kann, können Sie das auch.

Ihren Plan gut verkaufen

Checkliste: Wie sag ich's meinem Auftraggeber?

Denken Sie daran, wenn Sie Ihrem Auftraggeber die Ergebnisse Ihrer Projektplanung nahe bringen wollen:

- Bekennen Sie sich vorbehaltlos zu „seinem" Projekt.
- Sagen Sie ihm, dass sie sich in einigen Punkten noch abstimmen müssten. Zählen Sie diese Punkte auf.
- Erläutern Sie einleuchtend und auf den ersten Blick nachvollziehbar, warum Ihre Detailplanung von seinen groben Vorstellungen abweicht.
- Lassen Sie ihn nicht auf seinen enttäuschten Erwartungen sitzen, sondern bieten Sie ihm sofort Alternativen an. Diese haben Sie natürlich vorher geplant. Dabei hilft es ungemein, wenn Sie seine Prioritäten bezüglich Kosten, Termin und Ergebnis kennen: Was ist ihm wichtiger? Erinnern Sie sich: Sie kennen diese Prioritäten aus der Auftragsklärung (siehe Kapitel 2).
- Lassen Sie dem Auftraggeber die Wahl der Alternativen.
- Lassen Sie den Auftraggeber Ihre Detailplanung absegnen.

5 Projektplanung: Einfacher ist besser

Weil dieses Gespräch mit dem Auftraggeber von allen Projektleitern gefürchtet wird, ein Beispiel dazu:

„Herr Direktor Müller, ich habe das Projekt sorgfältig durchgeplant und finde das Vorhaben noch genauso nötig und sinnvoll wie damals, als Sie mir den Auftrag gaben. Bei der Planung haben sich nun einige Punkte ergeben, bei denen wir aufpassen müssen, dass sie uns nicht unser Projekt beschädigen. Ein Punkt ist zum Beispiel die gewünschte Möglichkeit der Simulation. Da muss ich ganz klar sagen: Das schafft das System, wie wir uns das vorstellen, nicht. Nicht in der zur Verfügung stehenden Entwicklungszeit. Denn eine simulationsfähige Management-Software benötigt in der Anpassung an ein Unternehmen unserer Größe allein schon sechs Monate. Das eröffnet uns nun zwei Möglichkeiten: Wir verzichten in einem ersten Schritt auf die Simulation, halten unseren Wunschtermin und liefern die Simulationsfähigkeit später nach. Oder wir liefern zum Wunschtermin mit Simulation und stocken dafür den Entwicklungsauftrag an den Systemanbieter um 10 000 Euro auf. Welche Lösung entspricht eher Ihren Vorstellungen?"

Optionen zeigen

Möglicherweise will Ihr Auftraggeber eine Kombination beider Möglichkeiten oder etwas ganz anderes. Was machen Sie dann? Verhandeln. Ein Projektleiter braucht Verhandlungskompetenz. Wenn Sie davon noch nicht genug haben, eignen Sie sich welche an. Entweder durch Lektüre, Versuch und Irrtum und viel Disziplin, durch Training oder durch Coaching. Die Möglichkeiten stehen Ihnen offen.

12. Projektplanung mit Word und Excel: Einfache Software-Unterstützung

Vergessen Sie PM-Software

Viele Projektmanagement-Trainer und -Berater, vor allem aber die Software-Hersteller behaupten oft und gerne, dass man für die Projektplanung eine spezielle PM-Software benötige. Möglicherweise sind auch einige Kollegen in Ihrem Unternehmen auf dieses

5 Projektplanung mit Word und Excel

Märchen hereingefallen. Sie sind der beste Beweis dafür, dass dies eben nur ein Märchen ist: Diese Art der Planung kostet viel Zeit und bringt nicht viel.

> **Profi-Tipp:**
> Die „normale" Büro-Software reicht zur professionellen Projektplanung für mittlere und kleine Projekte völlig aus.

Sie liefert schnell gute Ergebnisse und ist ohne großes Einarbeiten zu beherrschen. Sie brauchen dafür nur Ihr normales Textverarbeitungsprogramm (TV) und Ihr normales Tabellenkalkulationsprogramm (TK), und zwar für die

Gängige Büro-Software reicht völlig aus

- Meilenstein-Planung: TV,
- Aktivitäten-Planung: TV,
- W-Planung: TV- oder TK-Tabellen,
- Von-bis-Planung: TV- oder TK-Tabellen,
- Planung mit Gantt-Diagramm: TK.

Widerstehen Sie für Ihr kleines bis mittleres Projekt der Versuchung der großen PM-Instrumente wie einer speziellen Software oder der Netzplantechnik (siehe auch Glossar). Diese hochkomplexen Tools sind zwar schöne Hobbys. Doch für Ihr Projekt selbst sind sie unnötig bis gefährlich. Gefährlich deshalb,

- weil sie viel Zeit kosten, die Ihnen fürs Projekt fehlt,
- weil sie im Vergleich dazu schlechte Ergebnisse bringen und
- weil sie vor allem vom Wesentlichen ablenken. Das heißt, Sie „spielen" an Ihrer PM-Software herum, anstatt Ihre eigentliche Arbeit zu machen!

Das heißt, ich warne Sie ausdrücklich vor dem, was andere Ihnen empfehlen. Denn im Projektmanagement gilt mehr als anderswo:

5
Projektplanung: Einfacher ist besser

Nur das Ergebnis zählt. Und welche Instrumente welche Ergebnisse bringen, können Sie mit etwas gesundem Menschenverstand nun am besten selbst beurteilen.

Übrigens: Die Darstellungen in diesem Buch wurden ebenfalls ausschließlich mit „normaler" Büro-Software wie Word, Excel oder Powerpoint erstellt.

13. Turbo-Check: Projekte schnell und einfach planen

Turbo-Check:

Projekte schnell und einfach planen

- Vergessen Sie für kleine und mittlere Projekte komplexe Planungsinstrumente. Projektplanung muss schnell und einfach sein – sonst macht man sie ohnehin nicht. Word oder Excel genügen.

- Beginnen Sie mit einer Meilenstein-Planung: Welche Etappen erreiche ich bis wann?

- Listen Sie alle nötigen Arbeitspakete auf (Aktivitäten-Planung).

- Planen Sie die drei W: Wer macht was bis wann?

- Planen Sie Aufwand und Dauer der Arbeitspakete.

- Unterziehen Sie Ihre Planung einer Qualitätsprüfung: Ist sie vollständig, zuverlässig, konkret genug und realistisch?

- Hängen Sie Ihr Gantt-Diagramm über den Schreibtisch.

- Nutzen Sie möglichst einfache Tools: Textverarbeitung, Tabellenkalkulation, Vorlagen.

Weisungsloses Führen   6

1. Ein Projektleiter hat nichts
   zu sagen 136

2. Zwei Holzwege und das
   Eskalations-Modell 136

3. Eskalation auf Ebene 1:
   Mit dem Kollegen reden 138

4. Was tun, wenn jemand Zusagen
   nicht einhält? 140

5. Das Motivations-Dilemma 143

6. Eskalation auf Ebene 2:
   Mit dem Chef des Kollegen reden . 149

7. Eskalation auf Ebene 3:
   Mit dem Auftraggeber sprechen .. 152

8. Turbo-Check: Weisungslos führen . 155

Wer führen kann, braucht keine Anweisung.

Peter Weise, Projektleiter

1. Ein Projektleiter hat nichts zu sagen

Dass ein Projektleiter „nichts zu sagen" hat, also keine disziplinarische Weisungsbefugnis besitzt, wirft in vielen Projekten heftige Probleme auf, die jedem Projektleiter leidvoll bekannt sind:

- Teammitglieder sagen die Erledigung von Aufgaben zu, nur um beim nächsten Meeting zu verkünden, dass sie „leider nicht dazu gekommen" sind – beim eigenen Vorgesetzten würden sie sich das nicht trauen!

- Bereiche und Abteilungen sagen ihre Unterstützung für Ihr Projekt zu, lassen Sie dann aber hängen.

- Ein Abteilungsleiter sagt Ihnen seine Unterstützung zu, doch „sein" Teammitglied sagt Ihnen ins Gesicht, dass Ihre Vorstellungen „undurchführbar" sind.

- Wann immer Sie die Leute zur Einhaltung ihrer Zusagen anhalten, reden diese sich heraus: „Wir haben so viel anderes zu tun und so wenig Zeit!" Mit dieser Ausrede würden sie gegenüber ihren jeweiligen Vorgesetzten nicht durchkommen.

Welche Probleme haben Sie in Ihrem Projekt, die von der fehlenden Weisungsbefugnis verursacht werden?

2. Zwei Holzwege und das Eskalations-Modell

Keine Vorwürfe

Das Problem der fehlenden Weisungsbefugnis zeigt sich also vor allem darin, dass Projektmitarbeiter Dinge zusagen, die sie nicht einhalten. Unerfahrene Projektleiter sind zum einen menschlich

Zwei Holzwege und das Eskalations-Modell 6

enttäuscht, wenn man sie hängen lässt. Sie reagieren emotional und machen den entsprechenden Personen Vorhaltungen. Eine zwar verständliche, aber keine besonders konstruktive Reaktion.

- Vorwürfe bringen selten etwas. Sie verhärten lediglich die Fronten.

Eine zweite häufige Reaktion ist Resignation: Der Projektleiter sieht ein, dass er den Leuten im Grunde nichts zu sagen hat, und akzeptiert die gebrochene Zusage schulterzuckend. Auch das ist so verständlich wie verhängnisvoll.

Nicht resignieren

- Wer gebrochene Zusagen klaglos hinnimmt, lässt den Schlendrian einreißen: Plötzlich hält kaum einer mehr seine Zusagen ein.

Denn man hat ja gesehen: Der Projektleiter wehrt sich nicht. Wie auch? Wie soll er sich denn durchsetzen, wenn er keine Weisungsbefugnis hat? Sie benötigen dazu lediglich die geeigneten Instrumente. Eines dieser Instrumente ist das Modell der Vierecksbeziehung. Es geht davon aus, dass an Problemen zwischen zwei Personen immer eine dritte oder vierte Person beteiligt ist.

Schnell reagieren

Möglicherweise möchte ein Teamkollege Ihnen gegenüber seine Zusagen einhalten, kann das aber nicht, weil sein Chef interveniert. Und schließlich ist da noch der Auftraggeber, der sich immer wieder einschaltet. Das bedeutet: Im Projekt stehen Sie immer in einer Vierecksbeziehung. Wenn es zu Problemen kommt, sollten Sie dieses Viereck analysieren. Gehen Sie dabei von der hierarchisch niedrigeren Stufe zur nächsthöheren vor:

Hintergründe verstehen

- Ebene 1: Konfliktklärung mit dem Teamkollegen
- Ebene 2: Klärung mit dessen Vorgesetztem
- Ebene 3: Den Auftraggeber einschalten

6 Weisungsloses Führen

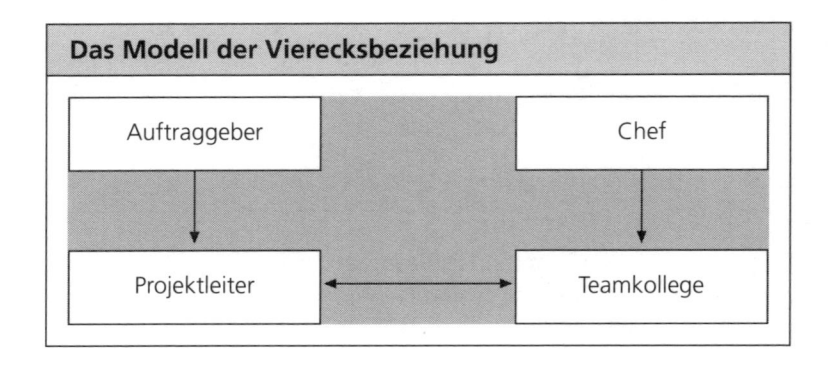

Das Modell der Viereckbeziehung
Auftraggeber → Projektleiter ←→ Teamkollege ← Chef

3. Eskalation auf Ebene 1: Mit dem Kollegen reden

Wenn ein Teammitglied Sie hängen lässt, sind Sie verständlicherweise sauer. Viele unerfahrene Projektleiter lassen sich in dieser Verärgerung dazu hinreißen, dem Kollegen Vorhaltungen zu machen, ihm mangelnde Motivation und guten Willen vorzuwerfen.

War alles klar? Warum bringen Vorwürfe nichts? Weil es dem Teamkollegen nur in den seltensten Fällen an Motivation und gutem Willen mangelt. Das vermeintliche Motivationsproblem ist weitaus häufiger ein Transparenzproblem: Der Kollege wusste gar nicht genau, was er tun sollte. Das heißt: Nicht der Kollege hat den Projektleiter hängen lassen, sondern der Projektleiter hat den Kollegen gar nicht oder lediglich unzureichend ins Bild gesetzt, weil er die Grundlagen der Delegation nicht beherrscht. Beherrschen Sie sie?

6 Eskalation auf Ebene 1

> **Checkliste: Die Grundlagen der Delegation**
>
> - Ist Ihrem Teamkollegen unmissverständlich klar, was Sie von ihm erwarten, was das Ziel seiner Aufgabe ist?
> - Ist ihm klar, wozu Sie seine Leistung brauchen? Wer mit seinem Ergebnis weiter arbeiten muss und deshalb verärgert ist, wenn er hängen gelassen wird? Ist ihm klar, was die Folgen für das Projekt sind, wenn er nicht liefert? Diese Auswirkungen (Verspätungen, Qualitätsmängel, ...) motivieren sehr viel nachhaltiger als die schärfste Anweisung! Kennt der Kollege diese Folgen nicht, denkt er leicht: „Zwei Wochen später anzuliefern ist auch nicht weiter schlimm."
> - Ist ihm der Qualitäts-Anspruch und der Umfang seiner Aufgabe klar? Weiß er, anhand welcher Kriterien Sie entscheiden, ob seine Ergebnisse ausgezeichnet, akzeptabel oder nachbesserungsbedürftig sind?
> - Weiß er, bis wann er liefern muss?
> - Kann er den Aufwand realistisch einschätzen und passt dieser in seinen Kalender?

Man hat als Projektleiter immer die Teammitglieder, die man verdient. Wer seine Leute schlecht über den Kontext des Projektes im Allgemeinen und ihre einzelnen Aufgaben im Speziellen unzureichend informiert, also die Grundlagen der Delegation nicht beherrscht, darf sich nicht wundern, dass einige im nächsten Meeting sagen: „Tut mir leid, ich hatte leider keine Zeit für mein Arbeitspaket."

Wenn ein Kollege nicht das liefert, was vereinbart wurde, liegt das in der Regel daran, dass ihm nicht ganz klar war, was von ihm erwartet wurde, welche Auswirkungen seine Minderleistung auf das Projekt hat und welchen zusätzlichen Aufwand das verursacht.

6 Weisungsloses Führen

Schaffen Sie diese Klarheit, bevor Sie die Arbeitspakete verteilen. Dann werden Sie auch nicht von den Projektmitarbeitern hängen gelassen.

Was aber, wenn dem Kollegen völlig klar war, was Sie von ihm erwarteten und er trotzdem nicht rechtzeitig liefert? Dann gehen Sie eine Stufe weiter.

4. Was tun, wenn jemand Zusagen nicht einhält?

Wenn ein Teammitglied verspätet oder unvollständig sein Arbeitspaket abliefert, dann besteht die erste Reaktion von unerfahrenen Projektleitern zumeist in Vorwürfen und Schuldzuweisungen. Das belastet nicht nur die Atmosphäre, es bringt Ihnen auch nichts für den Fortgang Ihres Projektes. Gehen Sie konstruktiv mit der Situation um:

> **Checkliste: Was tun bei gebrochenen Zusagen?**
>
> - Klären Sie vorwurfsfrei: Woran liegt's?
> - Was wird dadurch im Projekt behindert?
> - Wie können Sie das wieder aufholen?
> - Treffen Sie eine neue, diesmal verlässlichere Vereinbarung.

Klären Sie die Gründe

Machen Sie dem Kollegen keine Vorwürfe. Gehen Sie nicht einfach davon aus, dass er ein Drückeberger ist. Versuchen Sie lieber, die wahren Gründe herauszufinden:

- War er vielleicht krank, oder ein Kollege, den er vertreten musste, möglicherweise hat ein Lieferant gepatzt, oder kam es zu unvorhergesehenen Problemen?
- Passt Ihr Projekt nicht in seine Abteilung und wird deshalb nachrangig behandelt?

6 Was tun, wenn jemand Zusagen nicht einhält

- Hat er sich in Aufwand und Terminplanung verschätzt?
- War der Grund einmalig oder ist er „im System" begründet?

Vor allem die letzte Frage ist wichtig: Müssen Sie damit rechnen, dass sich das Versäumnis wiederholt? Das müssen Sie beispielsweise, wenn Sie feststellen, dass er für längere Zeit einen erkrankten Kollegen vertreten muss oder dass er sich ganz einfach im Aufwand verschätzt hat: Dann hat er sich auch mit hoher Wahrscheinlichkeit bei anderen seiner Zusagen verschätzt! Gerade bei unerfahrenen Kollegen kommt das häufig vor.

Wenn Sie danach klären, welche Tätigkeiten sich im Projekt wegen seines Versäumnisses verspäten und wer das nun wie ausbügeln muss, können Sie sich Vorhaltungen ersparen: Er ist dadurch blamiert genug. Denn kein vernünftiger Mensch macht sich gerne unbeliebt bei seinen Kollegen, indem er sie seinen Scherbenhaufen aufkehren lässt.

Auswirkungen aufzeigen

Punkt 3 obiger Checkliste lautet: „Wie können Sie das wieder aufholen?" Das heißt: Der Kollege, der seine Zusage nicht einhielt, muss sich auch um die Folgen kümmern.

> Es ist entscheidend, den Kollegen in die Lösung mit einzubeziehen.

Sie müssen ihn einbeziehen, damit er überhaupt die Verantwortung für eine Lösung übernimmt. Sonst könnte er ja auf dem Standpunkt stehen: „Das ist jetzt dein Problem!" Es kann nicht angehen, dass ein Problem, das von einem Teammitglied verursacht wurde, von einem anderen Mitglied oder dem Projektleiter alleine gelöst werden muss.

Verantwortung für die Lösung übertragen

Konzentrieren Sie sich besonders auf Punkt 4 obiger Checkliste: Sie müssen nun eine neue Vereinbarung mit ihm treffen. Klären Sie, bis wann er nachliefern kann. Wie sicher ist er, dass es diesmal funktioniert? Wenn seine Minderleistung ihren Grund darin hat, dass er sich im Aufwand verschätzt hat, dann achten Sie besonders

Neue Vereinbarung treffen

6 Weisungsloses Führen

darauf, dass er beim nächsten Mal richtig rechnet. Rechnen und fragen Sie nach. Bis Sie mit der Zuverlässigkeit seiner Zusage zufrieden sind.

So einfach diese Checkliste ist, es treten dabei einige Fehler auf. Viele Projektleiter konzentrieren sich zum Beispiel zu sehr auf Punkt 1: Ursachenklärung. Zu lang wird darüber geredet, wie es zur Minderleistung kam, wer alles dafür verantwortlich ist und dass der Kollege im Grunde überhaupt nichts dafür kann. Das bringt Sie leider keinen Schritt weiter und kostet nur kostbare Zeit:

> **Profi-Tipp:**
>
> Investieren Sie 20 Prozent Ihrer Zeit, Energie und Fragen auf die Ursachenklärung und 80 Prozent auf die Frage: Wie bügeln wir das wieder aus?

Das leuchtet ein, nicht wahr? Was aber machen Sie, wenn Sie einen oder mehrere Kollegen im Team haben, die ständig Zusagen nicht einhalten, immer einen unglaublich triftigen Grund dafür finden und sich permanent aus der Verantwortung schleichen? Darauf kennen Sie die Antwort bereits: Bauen Sie Puffer ein. Sie kennen Ihre Pappenheimer. Wenn ein Pappenheimer „zehn Tage" sagt, dann wissen Sie aus Erfahrung, dass es zwölf bis 15 Tage werden. Bauen Sie den entsprechenden Puffer zwischen seiner Tätigkeit und der darauf folgenden ein. Dasselbe gilt für Kollegen mit gewohnheitsmäßigem Nachbesserungsbedarf: Puffern Sie!

Aber geben Sie dem Kollegen jedes Mal Rückmeldung. Damit er merkt, dass sein Verhalten nicht in Ordnung ist und damit die Kollegen im Team nicht den Eindruck erhalten, dass Sie Unsitten einreißen lassen.

5. Das Motivations-Dilemma

Viele Projektleiter fragen sich: „Wie soll ich denn meine Teammitglieder zur Mitarbeit motivieren, wenn ich ihnen keine Anweisungen geben darf?" Da liegt eine grundlegende Verwechslung vor:

> Anweisungen motivieren nicht. Wer motivieren kann, braucht keine Anweisung.

Nach einer Anweisung wird zwar das Erwünschte erledigt. Doch wer motivieren kann, kommt auch ohne Anweisung zurecht. Das erkennen Sie allein daran, dass es etliche Kollegen gibt, die in einem gut geführten Projekt sehr viel motivierter mitarbeiten, als dies bei ihrer eigentlichen Arbeit in der Abteilung der Fall ist.

Die Erklärung dafür: Im Projekt wirken nicht die Demotivationsfaktoren der normalen Arbeit. Einer davon ist der direkte Vorgesetzte. Unmotivierte Mitarbeiter blühen im Projekt auf und übertreffen sich selbst, wenn Sie als Projektleiter das tun, was der direkte Vorgesetzte offensichtlich versäumt:

Motivation erzeugen

- Ideen und Anregungen der Mitglieder aufnehmen und diskutieren,
- offen informieren und auf dem Laufenden halten,
- konsequent und ehrlich kommunizieren,
- mit den Leuten reden,
- bei guter Leistung sofort Anerkennung geben,
- Menschen wie Menschen behandeln.

Sehen Sie, wie einfach die vielbeschworene Sozialkompetenz in Projekten ist? Jedenfalls viel weniger kompliziert, als sie immer dargestellt wird. Wenn Sie auch nur drei von diesen sechs Tipps umsetzen (können), tun Sie exakt das, was alle Welt ständig von einem Projektleiter fordert: beziehungsorientiert führen, emotionale Intelligenz zeigen, Sozialkompetenz und Führungsqualität beweisen.

6 Weisungsloses Führen

> Mitarbeitermotivation ersetzt Weisungsbefugnis.

Eine Viertelstunde einfach nur dem Kollegen bei seinen Sorgen und Nöten zuzuhören, bringt oft 150 Prozent Motivation. Sagen Sie selbst: Welche Anweisung der Welt schafft das? So gesehen ist es sehr einfach, im Projekt zu motivieren. Ihre Projektmitarbeiter werden es Ihnen mit viel Engagement danken. Geben Sie ihnen, was ihnen anderswo verwehrt wird. Sie werden es Ihnen mit Faktor 10 zurückzahlen.

Unmotivierte Mitarbeiter

Wenn trotz Ihrer eben skizzierten mitarbeiterorientierten Führung einige Kollegen unmotiviert sind, ist das noch lange kein Grund, aufzugeben. Die meisten Projektleiter beschreiten allerdings den falschen Weg:

> Wenn ein Teammitglied demotiviert ist, versuchen Sie nicht, es zur Mitarbeit zu überreden.

Der erste Impuls in dieser Situation ist: „Den Kollegen muss man einfach überzeugen! Man muss ihm zeigen, wie wichtig das Projekt für das Unternehmen ist." Leider funktioniert das entweder überhaupt nicht oder nur schwach. Meist erreichen Sie damit sogar das Gegenteil: Der Kollege wird nur noch unmotivierter.

> Wenn Sie jemanden zu überreden versuchen, ignorieren Sie die Ursachen seiner Verstimmung.

Jemanden zu motivieren, ohne dem Grund seiner Demotivation auf den Grund zu gehen, ist eine ziemliche Rücksichtslosigkeit. Dies lässt Sie Ihr Teamkollege auch spüren. Die beste Motivation ist immer noch, herauszufinden, was ihn demotiviert. Dabei helfen Ihnen vier mögliche Gründe für seine Frustration:

- Das Projekt ergibt für den Kollegen keinen Sinn.
- Er fühlt sich überlastet.

Das Motivations-Dilemma   6

- Es fehlen ihm die nötigen Ressourcen.
- Der Kollege ist generell demotiviert.

Das Projekt ergibt für den Teamkollegen keinen Sinn

Wenn ein Kollege passiv ist, meckert oder einfach nicht mitdenkt, dann sollten Sie zunächst nicht bösen Willen unterstellen. Vielleicht trifft eher Folgendes zu:

> Wer keinen Sinn im Projekt sieht, engagiert sich auch nicht.

Das ist sogar rational. Würden Sie sich für etwas engagieren, das für Sie keinen Sinn macht? Natürlich können Sie einen Kollegen nicht direkt fragen: „Für dich macht das offenbar keinen Sinn, oder?" Klopfen Sie lieber auf den Busch: „Ihr habt nun einiges über das Projekt erfahren. Wie steht Ihr nun zu Sinn und Zweck des Projektes?"

Ohne Sinn keine Motivation

Was tun Sie, wenn darauf tatsächlich einer sagt: „Ja, schöne Idee – aber meine Abteilung hat davon nichts!"? Fragen Sie ihn nach dem Grund: Meist kommt dabei heraus, dass Ihr Projekt nicht sinnlos ist, sondern Ihr Kollege lediglich einige Informationen missverstanden oder aber diejenigen übersehen hat, in denen der Sinn für seine Abteilung klar zum Ausdruck kommt.

Sollte sich allerdings herausstellen, dass Ihr Projekt für seine Abteilung keinen Sinn macht, ist das noch nicht das Ende aller Tage. Sie müssen dann einfach die Projekt-Definition so ändern, dass auch seine Abteilung Nutzen aus Ihrem Projekt zieht. Wie das geschehen kann, erklärt das Kapitel zur Kontextklärung (siehe Kapitel 3).

Der Kollege fühlt sich überfordert oder es fehlen Ressourcen

Diesen Spruch kennen wir alle: „Ich habe schon genug mit meiner eigentlichen Arbeit und drei anderen Projekten zu tun. Wie soll ich denn dieses neue Projekt auch noch unterbringen?"

6 Weisungsloses Führen

Überlastung löst sich nicht durch noch mehr Druck

Natürlich ist es Unfug, den Kollegen daraufhin „motivieren" zu wollen: „Sie kriegen das sicher noch irgendwie unter!" Das verstehen nur jene Leute unter Motivation, die nichts von Motivation verstehen. Wer so redet, nimmt den Kollegen einfach nicht ernst in seiner Klage. Und wer nicht ernst genommen wird, fühlt sich frustriert, nicht motiviert.

> Wer von einer Überlastung demotiviert wird, den motivieren Sie am besten, indem Sie seine Überlastung ernst nehmen.

Entlasten und unterstützen bringt viel

Reden Sie einfach mit ihm: Wie kann er sich selbst entlasten, welche Bagatellaufgaben kann er weglassen oder verschieben, was kann er delegieren? Wenn diese Reorganisation seiner Arbeit nicht ausreicht, schlagen Sie vor, mit seinem Vorgesetzten zu reden, ob nicht dieser etwas für ihn tun kann. Wer soll mit dem Vorgesetzten reden? Sie, er oder sie beide?

Wenn Kollegen demotiviert sind, liegt es oft auch daran, dass ihnen die nötigen Mittel fehlen, um gute Arbeit zu leisten. Also fragen Sie nach seiner Ausstattung: Hat er alles, was er für seine Aufgabe braucht? Alle Hilfsmittel, Instrumente und Gelder? Wenn nicht, wie könnte er ohne diese Mittel auskommen? Wenn das nicht geht: Woher könnte er sie bekommen?

Haben Sie es bemerkt? Motivation ist nicht das, was viele Amerikaner darunter verstehen: „Du schaffst das! Reiß dich zusammen! You can get it if you really want it!" Das ist nämlich Manipulation. Und Manipulation funktioniert nicht (wirklich und langfristig). Die beste Motivation ist immer noch,

- die Menschen in ihrer Demotivation ernst zu nehmen,
- ihnen Verständnis zu geben und
- mit ihnen an einer Lösung zu arbeiten.

Oder wie Abraham Lincoln einmal sagte: „Kümmere dich um die Menschen, dann brauchst du dich nicht um ihre Motivation zu kümmern."

6 Das Motivations-Dilemma

Der generell Demotivierte

Manche Kollegen sind einfach sauer. Nicht auf Sie, nicht auf Ihr Projekt, sondern auf die ganze Firma. Zum Beispiel, weil sie sich unterbezahlt fühlen. Dann stecken Sie allerdings in der Klemme: Sie können ihm ja nicht mehr Gehalt bezahlen! Das ist nicht Ihre Aufgabe.

> Sie müssen nicht das Motivationsproblem der ganzen Firma lösen.

Sie können den Kollegen trotzdem für Ihr Projekt motivieren: Ihm zuhören, ihn ernst nehmen, Verständnis zeigen, ihn aber auch darauf hinweisen, dass Sie beim besten Willen kaum etwas gegen seine Enttäuschung über die gesamte Firma tun können, und ihn dann fragen: „Können wir zumindest für unser Projekt zu einer funktionierenden Zusammenarbeit gelangen?" Meist sagt der Kollege aus oben genannten Gründen zu: In seiner Abteilung spricht niemand mit ihm über seine Probleme, behandelt ihn niemand wie einen Menschen. Sie tun es. Sie können motivieren. Das wird er Ihnen danken.

Verweigert der Kollege jedoch jede Zusammenarbeit – was wirklich nur ganz selten passiert –, dann bleibt Ihnen nur der Gang zu seinem Vorgesetzten und gegebenenfalls zu Ihrem Auftraggeber, um das Problem zur Sprache zu bringen und zu klären. Schließlich wird niemand für Arbeitsverweigerung bezahlt.

Sie bekommen nicht die Besten

Etliche Projektleiter beklagen sich über ihre Besetzung: „Wir haben nur Experten aus der zweiten Reihe für unser Projekt bekommen. Da können wir unsere Ziele ja gar nicht erreichen!" Das ist zwar eine verständliche Klage, aber: Meist sind nämlich die Leute aus dem zweiten Glied nur deshalb dort, weil die Spitzenexperten sie nicht nach oben lassen!

> Sie können auch aus zweitbesten Leuten ein Spitzenteam machen.

6 Weisungsloses Führen

Planen Sie mit den Leuten, die Sie haben

Warum machen das nur die guten Projektleiter? Weil es sich die anderen einfach machen und sich beklagen, statt konstruktiv mit der Situation umzugehen.

> **Profi-Tipp:**
> Passen Sie auf jeden Fall Ihre Planung den Teamkollegen an, die Ihnen für das Projekt zur Verfügung stehen.

Überprüfen Sie alle Termine und Zusagen: Sind sie realistisch? Oder brauchen Kollegen aus der zweiten Reihe möglicherweise, zumindest am Anfang, etwas länger? Korrigieren Sie nötigenfalls auch Qualität und Kosten und geben Sie das unbedingt an Ihren Auftraggeber weiter: Wir haben nur diese Kollegen bekommen – können wir mit dem daraus resultierenden Qualitätsstandard und dem Zeitrahmen zufrieden sein? Wenn nicht, was können wir sonst tun?

Möglicherweise geht es mit Kollegen aus der zweiten Reihe nicht so schnell und gut wie mit den absoluten Experten. Doch macht das für Ihr Projekt überhaupt irgendetwas aus? Kollegen aus der zweiten Reihe scheinen nämlich nur zweitklassig. Mit etwas Motivation entwickeln sie sich rasch zum absoluten Spitzenteam. Die Projektpraxis beweist das täglich, wenn Teams mit lauter Nobodies die ausgewiesenen Expertenteams schlagen.

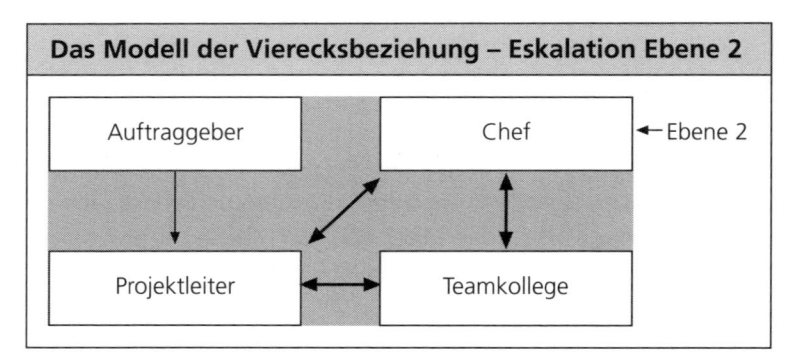

Das Modell der Viereckbeziehung – Eskalation Ebene 2

Auftraggeber		Chef	← Ebene 2
↓	↗	↕	
Projektleiter	↔	Teamkollege	

6. Eskalation auf Ebene 2: Mit dem Chef des Kollegen reden

Oft wollen Teamkollegen liefern, aber sie können nicht. Weil Ihr Projekt in der Abteilung des Kollegen keinen Stellenwert hat. Auch daran sehen Sie, wie nutzlos Vorwürfe sind: Sie treffen damit den Falschen! Der Kollege will durchaus, doch sein Chef hat etwas dagegen, denn er hält vieles andere einfach für wichtiger als Ihr Projekt.

> Wenn ein Teammitglied nicht wie vereinbart liefert, liegt es oft daran, dass in seiner Abteilung Ihr Projekt eine nachrangige Priorität hat.

Sie bekommen das im persönlichen Gespräch und nach einer Überprüfung der fünf Grundlagen der Delegation (siehe S. 139) schnell heraus. Dann müssen Sie mit dem Vorgesetzten des Kollegen reden. Damit haben viele Projektleiter ein Problem: Sie möchten niemanden anschwärzen. Denn der Vorgesetzte des Kollegen wird sauer auf den Kollegen sein, wenn dieser in Ihrem Projekt „Ärger macht". Sie entschärfen die Situation, indem Sie

Eskalation ohne „Anschwärzen"

- zunächst den Kollegen fragen, ob Sie, er oder Sie beide mit seinem Vorgesetzten reden sollen und
- jeden Vorwurf vermeiden, also nicht über den Kollegen, seine knappe Zeit und die ungünstigen Prioritäten in der Abteilung reden, sondern ganz einfach sachlich bleiben:

> Reden Sie nicht über das Problem, sondern mögliche Lösungen.

Reden Sie nicht darüber, dass der Kollege zu wenig Zeit für Ihr Projekt hat, sondern wie sein Vorgesetzter ihn entlasten kann, indem er seine Arbeit etwas anders organisiert.

Viele Projektleiter haben ein zweites Problem mit diesem notwendigen Gespräch: Sie trauen sich nicht. Wer redet schon gerne mit hohen Tieren! Da hilft nur eines: Vergessen Sie für einen Augen-

6 Weisungsloses Führen

blick den Rang des hohen Tieres. Konzentrieren Sie sich allein auf Ihre Sachaufgabe: Ihrem Projekt mehr Kapazitäten zu verschaffen. Was kann der Vorgesetzte denn schon tun? Er könnte Ihnen höchstens Ihre Bitte abschlagen. Es ist also den Versuch wert. Sie können nichts dabei verlieren. Sie können nur gewinnen.

Nicht jammern

Aber: Jammern Sie nicht! Das hört der Vorgesetzte täglich schon genug. Jammern um Kapazitäten ist keine Entscheidungsvorlage. Eine Entscheidungsvorlage ist:

> **Checkliste: Vorgesetzte überzeugen**
>
> - Schildern Sie dem Vorgesetzten Ihre Lage, die verursachte Verzögerung und die Konsequenzen der Verzögerung in kurzen Worten.
> - Zeigen Sie ihm, was dem Unternehmen verloren geht, weil Ihr Projekt verzögert wird. Das interessiert ihn.
> - Zeigen Sie ihm, welchen Nutzen sein Führungsbereich von Ihrem Projekt hat und dass dieser sich nun verzögert oder vermindert.
> - Dann schlagen Sie ihm vor, den betreffenden Teamkollegen von anderen Arbeiten zu entlasten, sie also aufzuschieben oder anderen Mitarbeitern zu geben, oder noch einen zusätzlichen Mitarbeiter für die fehlenden Personenstunden abzustellen. Er wird das nicht akzeptieren? Dann verhandeln Sie mit ihm. Jeder Kompromiss ist besser als gar keine Verbesserung.

Optionen zeigen

Oft wird Ihnen der Vorgesetzte erwidern: „Ich verstehe, dass Ihnen Ihr Projekt wichtig ist. Aber auch wir haben so viele wichtige Projekte, dass wir einfach nicht mehr Kapazitäten erübrigen können!" Das kann zutreffen – muss es aber nicht. Viel wahrscheinlicher ist, dass der Vorgesetzte gar nicht realisiert, wie wichtig Ihr Projekt tatsächlich ist. Unerfahrene Projektleiter machen hier den Fehler, zu

Eskalation auf Ebene 2 — 6

zeigen, wie wichtig das Projekt für sie selbst ist. Weisen Sie den Vorgesetzten stattdessen darauf hin, welchen Nutzen das Projekt ihm und seiner Abteilung bringt. Darüber hinaus interessiert ihn noch, wie das Unternehmen als Ganzes von Ihrem Projekt profitiert. Sagen Sie es ihm. Das nennt man auch: sein Projekt verkaufen, Projekt-PR, Projekt-Marketing.

Viele Projektleiter machen dies nicht, weil sie davon ausgehen, dass jedem im Unternehmen längst klar sein müsste, wie wichtig ihr Projekt für alle ist. Das ist ein typischer Anfängerfehler. Woher sollen die Leute das denn wissen, wenn nicht von Ihnen? Sie sind der erste Fürsprecher Ihres Projektes. Also sprechen Sie für Ihr Projekt.

> Wenn andere Sie hängen lassen, liegt es oft daran, dass Sie vorher schon Ihr Projekt haben hängen lassen, indem Sie es schlecht verkauft haben.

Wenn dem Vorgesetzten klar wird, welchen Nutzen seine Abteilung von Ihrem Projekt hat, kommt es meist schnell zu einer Lösung oder einem tragfähigen Kompromiss. Wenn nicht, gehen Sie einen Schritt weiter.

Das Modell der Viereckbeziehung – Eskalation Ebene 3

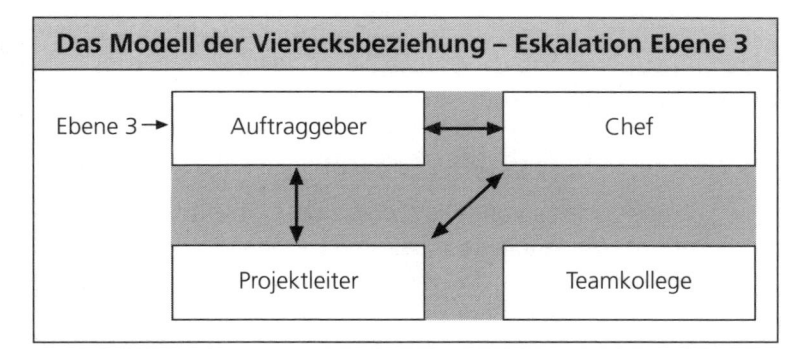

Ebene 3 → | Auftraggeber ↔ Chef |
| Projektleiter | Teamkollege |

6 Weisungsloses Führen

7. Eskalation auf Ebene 3: Mit dem Auftraggeber sprechen

Sie können nicht andere kompensieren

Wenn die Verhandlungen mit dem Chef des betreffenden Teammitglieds scheitern, ziehen sich unerfahrene Projektleiter häufig in die Schmollecke zurück und versuchen oft, mit eigener Leistung die fehlenden Kapazitäten zu ersetzen. Das ist Wahnsinn und führt nach einiger Zeit zum Burnout.

Auftraggeber informieren

Machen Sie stattdessen von einer anderen Möglichkeit Gebrauch. Informieren Sie den Auftraggeber. Fragen Sie ihn, was er von seiner Position heraus beim Vorgesetzten des Teamkollegen erreichen kann. Bitten Sie ihn, seine Beziehungen spielen zu lassen:

- Motivieren Sie ihn dazu, indem Sie ihm die Konsequenzen des Kapazitätsengpasses auf Existenz, Kosten, Termine und Qualitätsziele des Projektes aufzeigen.

- Sagen Sie ihm unmissverständlich, was genau Sie benötigen, damit er mit dem Vorgesetzten Ihres Teammitglieds erfolgreich verhandeln kann.

Situation darstellen

Was wird Ihr Auftraggeber daraufhin tun? Wird er seine Beziehungen spielen lassen? Nein. Er wird zunächst abwiegeln und sagen: „Aber für so etwas haben wir doch Sie!" Sagen Sie ihm, dass nicht Sie mit Abteilungs- und Bereichsleitern verhandeln können, sondern nur er. Wenn ihn das nicht sonderlich überzeugt, legen Sie einen Zahn zu und zeigen Sie ihm die Optionen auf, die er hat:

- „Wir können damit leben, dass unser Projekt zu wenig Kapazität von Abteilung X bekommt. Dann verzögert sich unser Endtermin um drei Monate oder wir machen Abstriche bei ..., bei ... und bei ...;

- oder aber wir unterbrechen unser Projekt, bis Abteilung X wieder Zeit für uns hat;

- oder aber Sie erreichen über Ihre Kontakte, dass die uns mehr Kapazität zur Verfügung stellen."

6 Eskalation auf Ebene 3

Wenn Sie so kurz und prägnant die Alternativen aufzeigen, wird jeder vernünftige Auftraggeber zur Einsicht gelangen. Natürlich wird er nicht sonderlich begeistert sein, weil er jetzt eine Zusatzaufgabe hat und mit jemandem verhandeln muss, den er vielleicht persönlich nicht schätzt. Aber das können Sie verkraften.

Alternativen zeigen

> Auftraggeber erfüllen selten ihre Pflichten von sich aus – Sie müssen sie höflich, aber bestimmt daran erinnern.

Auch das gehört zu Ihren Pflichten als Projektleiter.

Der Extremfall des uneinsichtigen Auftraggebers

In sehr seltenen Fällen erweist sich ein Auftraggeber als uneinsichtig, nach dem Motto: „Ich verhandle nicht mit dem betreffenden Vorgesetzten, aber Ihr Projekt muss trotzdem pünktlich und im Budget seine Ziele erreichen!" Schlucken Sie Ihre verständliche Empörung nicht hinunter. Dafür werden Sie nicht bezahlt. Machen Sie stattdessen Ihren Auftraggeber höflich, aber bestimmt darauf aufmerksam, was ein Projektleiter kann und was nicht:

- Er kann nicht mit einem Vorgesetzten eines Teamkollegen verhandeln, wie das bei einem hierarchisch Gleichgestellten der Fall ist.

- Wenn 20 Personentage zugesagt waren und gebraucht werden, aber nur fünf eingehalten werden, dann kann er die fehlenden 15 nicht ohne weiteres kompensieren.

Das wird dem Auftraggeber nicht gefallen. Genau das ist jedoch Ihre Aufgabe, mit der Sie sich auch selbst schützen: Sie müssen nachweisen können, dass Sie den Auftraggeber auf die Konsequenzen seines Handelns aufmerksam gemacht haben. Sonst bekommen Sie Vorhaltungen wie zum Beispiel diese: „Ja, warum haben Sie mir damals nicht gesagt, wie wichtig das für das Projekt ist?"

6 Weisungsloses Führen

Wenn Ihr Auftraggeber Sie hängen lässt

Was tun Sie, wenn der Auftraggeber seine Pflicht vernachlässigt und nicht mit dem Vorgesetzten des Teamkollegen verhandelt? Sie geben ihm Feedback über die Konsequenzen seiner Weigerung. Ganz sachlich, ohne Vorwurf. Sie zeigen ihm einfach, was diese Haltung für die Termine, Kosten und Ergebnisse des Projekts bedeutet. Dann versichern Sie ihm, dass Sie Ihr Möglichstes tun werden, dass Sie aber unter den gegebenen Umständen keine Garantie für ein gutes Ergebnis abgeben können.

> Schlagen Sie Ihrem Auftraggeber eine Weiterarbeit ohne konkrete Zielvereinbarung vor.

Die meisten Auftraggeber sind damit durchaus einverstanden. Dann kommt beim Projekt eben das unter den gegebenen Umständen beste Ergebnis heraus. Mit diesem Ergebnis sind die Auftraggeber dann auch tatsächlich zufrieden.

Kapazitätsmängel nicht selbst kompensieren

Sehr gefährlich ist dagegen die Reaktion unerfahrener Projektleiter: Sie versuchen, die ausgefallenen Kapazitäten durch Eigenleistung zu kompensieren. Daher kommen die 60-Stunden-Wochen: 40 Stunden arbeitet man für seine eigentliche Arbeit, 20 Stunden für das, was andere zwar zugesagt, aber nicht ausgeführt haben. Das halten Sie zwei, drei Jahre durch. Dann sind Sie kaputt: Burnout. Und das bringt Ihnen noch nicht einmal etwas! Viele Projektleiter glauben, dass sie mit ihrem Opfer ihre Karriere fördern. Das Gegenteil ist die Regel: Wer kaputt ist, steigt nicht auf, sondern wird fallengelassen. Es gibt in vielen Unternehmen Abteilungen – auch als „Durchlauferhitzer" bekannt –, die dieses Verfahren zwar nicht absichtlich, aber doch mit stiller Duldung einsetzen. Sie verschleißen ihre Projektleiter buchstäblich: Ex und hopp!

> **Profi-Tipp:**
>
> Kompensieren Sie nur im äußersten Notfall fehlende Kapazitäten durch Eigenleistung: Das sollte eine einmalige Aktion ohne Wiederholung sein.

Wer ständig mit Eigenleistung kompensiert, zeigt einen deutlichen Mangel an Management-Kompetenz: Er kann nicht delegieren und verhandeln. Also empfiehlt er sich nicht für eine höhere Position.

8. Turbo-Check: Weisungslos führen

Turbo-Check:

Weisungslos führen

- Wenn Zusagen gebrochen werden: Nicht aufregen, keine Vorwürfe erheben – das bringt nichts.
- Auf keinen Fall stumm durchgehen lassen: Das findet schnell viele Nachahmer!
- Nicht mit Eigenarbeit kompensieren – das frisst Sie auf!
- Sprechen Sie mit dem Kollegen: Hat er überhaupt verstanden, was von ihm verlangt war?
- Überprüfen Sie die Grundlagen: War die Delegation komplett?
- Klären Sie: Wie bügeln wir das wieder aus?
- Treffen Sie mit ihm eine neue Vereinbarung.
- Falls er wollte, aber nicht konnte, weil Ihr Projekt in seiner Abteilung nachrangig ist: Verhandeln Sie mit seinem Vorgesetzten.
- Falls dabei nichts herauskommt: Schalten Sie den Auftraggeber ein.
- Motivieren Sie Ihre Teammitglieder, indem Sie sich um ihre Anliegen und Probleme kümmern.

Projektsteuerung: Projekte sicher ins Ziel bringen

7

1. Das Elend mit den Abweichungen . 158
2. Wer heute schläft, hat übermorgen eine Abweichung 159
3. Das Wartungsintervall: Die beste Waffe gegen Abweichungen 162
4. Wenn Teammitglieder „schwänzen" 164
5. Wie Sie chronische Abweichungen steuern 167
6. Der Paradefall der Projektsteuerung: Der Kunde verlangt ständig Änderungen 169
7. Die Ampelsteuerung 172
8. Turbo-Check: Projekte und Abweichungen steuern 174

*Wenn mitten im Projekt Abweichungen auftauchen,
hat zu Beginn des Projekts einer geschlafen.*

Katrin Klinke, Projektleiterin

1. Das Elend mit den Abweichungen

Wenn ich Teilnehmer zu Beginn eines Seminars frage: „Was ist für Sie das Wichtigste beim Projektmanagement?", höre ich von 90 Prozent die Antwort: „Natürlich die Projektsteuerung!"

Abweichungen sind normal

Denn bei der Projektsteuerung gibt es erfahrungsgemäß die größten, schmerzhaftesten, peinlichsten und für die eigene Karriere nachteiligsten Probleme. Wer hat als Projektleiter nicht schon in das wütende Gesicht seines Auftraggebers und unmittelbaren Vorgesetzten geblickt, wenn dieser aufsprang und rief: „Was? Wie viel Tage hängen Sie hinterher? Um wie viel werden Sie das Budget überziehen? Welche Qualitätsanforderungen können Sie nicht erfüllen? Das darf ja wohl nicht wahr sein!"

Wenn im Projekt Abweichungen auftreten, wird es für den Projektleiter ungemütlich. Er gerät von allen Seiten unter Beschuss. Deshalb ist die Projektsteuerung Projektleitern so ungemein wichtig.

> Abweichungen im Projekt sind nicht die Ausnahme, sondern die Regel.

Die Größe lässt sich steuern

Das ist eine schlechte und eine gute Nachricht zugleich: Erschrecken Sie nicht zu sehr bei Abweichungen, lassen Sie sich nicht verunsichern – Abweichungen gehören einfach zum Tagesgeschäft. Die häufigsten Abweichungen sind:

- Bei Projekten ohne vertraglich vereinbarten Termin (vor allem interne Projekte) wird der projektierte Endtermin meist wesentlich überschritten.

- Bei Festtermin-Projekten werden die Kosten überschritten und die Qualitätsziele nicht erreicht.

7

Wer heute schläft, hat übermorgen eine Abweichung

- Bei Festkosten-Projekten wird das Rentabilitätsziel nicht erreicht.
- Ständig melden Kunden und Auftraggeber Änderungswünsche an.
- Die Mitarbeiter im Projekt ziehen nicht mit oder werden teilweise abgezogen.
- Projektbeteiligte halten Zusagen nicht ein.

Mit welchen Abweichungen müssen Sie sich hauptsächlich herumschlagen?

Es gibt zwar auch Projektleiter, die das alles wenig beunruhigt: „Wir sind fertig, wenn wir fertig sind." „Diesen Termin hat doch ohnehin keiner ernst genommen." „Ein bisschen teurer wird's immer." Doch diese stoische Ruhe ist selten, weil die meisten Projektleiter höllischen Druck bekommen, wenn sie die Abweichungen nicht aufholen können. Sie bemühen sich zwar redlich – aber in der Regel ohne Erfolg. Das hat seinen Grund:

2. Wer heute schläft, hat übermorgen eine Abweichung

Wenn Abweichungen im Projekt auftreten, interessiert Projektleiter nur noch eine Frage: „Wie holen wir das schnellstmöglich wieder auf? Wie passen wir uns so an, dass unsere Ziele nicht mehr gefährdet sind?" Diese Frage kommt zu spät. Denn Abweichungen werden nur selten in der Situation verursacht, in der sie auftreten:

Viele Probleme kommen durch schlechte Vorbereitung

> 80 Prozent aller Abweichungen, die in der Projektmitte auftreten, wurden bei Projektbeginn durch mangelhafte Vorbereitung verursacht.

7 Projektsteuerung: Projekte sicher ins Ziel bringen

Das ist so wie mit dem Urlaub: Was man beim Packen vergessen hat, bemerkt man meist erst mitten im Urlaub. Leider gibt es einen wesentlichen Unterschied zwischen Urlaub und Projektmanagement: Beim Projektmanagement denken Projektleiter beim Auftauchen von Abweichungen meist zuerst an die Projektsteuerung, nicht an die Projektvorbereitung. Das heißt, sie zäumen das Pferd vom Schwanz her auf.

Wenn Sie einmal die typischen Abweichungen eines Projektes betrachten, wird Ihnen auffallen, dass Sie diese mit wenigen Ausnahmen ganz auf Versäumnisse bei der Vorbereitung zurückführen können.

Abweichungen sind versteckte Versäumnisse	
Typische Abweichung	**Entsprechendes Versäumnis**
Ständig ändert der Auftraggeber oder Kunde das Projektziel.	Das Projekt war von Anfang an unklar: mangelnde Auftragsklärung (siehe Kapitel 2).
Die Projektmitarbeiter haben viel zu wenig Zeit für das Projekt.	Der Projektplan wurde erstellt, ohne mit den real zur Verfügung stehenden Kapazitäten und Terminplänen der Mitarbeiter abgestimmt worden zu sein (siehe Kapitel 5).
Es treten unvorhergesehene Probleme auf.	Unvorhergesehen bedeutet nicht unvorhersehbar: mangelnde Risikoanalyse (siehe Kapitel 4).
Widerstandsnester im Unternehmen oder beim Kunden halten das Projekt auf.	Die Widerstände wurden nicht in der Kontexterklärung beseitigt (siehe Kapitel 3).
Welche typische Abweichung fällt Ihnen zu einem Ihrer Projekte ein?	Was war das entsprechende Versäumnis?

7
Wer heute schläft, hat übermorgen eine Abweichung

Projekte geraten nicht deshalb in Schwierigkeiten, weil Abweichungen auftreten. Probleme treten auf, weil die Vorbereitung unzureichend war. Wir kennen das: Unter dem Druck von Terminen und Auftraggebern arbeitet man schon mal los, bevor man richtig nachdenken konnte. Das rächt sich.

Wenn Sie herausragende Projektleiter-Kolleginnen und -Kollegen beobachten, die wie durch ein Wunder immer nur ganz wenige Abweichungen in ihren Projekten erleben und fast immer termin-, budget- und zieltreu abliefern und das auch noch ganz locker schaffen, werden Sie feststellen, dass diese sich durch einen simplen Charakterzug auszeichnen: Sie sind Stoiker der Vorbereitung.

Wenn Auftraggeber und Teammitglieder drängen, so schnell wie möglich die Projektarbeit zu beginnen, lassen diese Stoiker sich nicht drängen. Im Gegenteil. Je mehr gedrängt wird, desto mehr Zeit nehmen sie sich für die Vorbereitung. Oder wie Adenauer einmal zu seinem Chauffeur sagte: „Lassen Sie sich Zeit – ich habe es eilig!"

Sie definieren Ihren Projekterfolg zu Beginn

> **Profi-Tipp:**
> Je eiliger Sie es haben, je dringender und je drängender das Projekt ist, desto mehr Zeit und Aufmerksamkeit sollten Sie in die Vorbereitung investieren.

Das ist eine Investition, die sich immer auszahlt. Denken Sie nur an den Return on Investment: Für kleinere bis mittlere Projekte brauchen Sie höchstens zwei bis vier Planungstage. Damit ersparen Sie sich dann Wochen an vermeidbaren Verzögerungen und jede Menge Ärger. Erfahrene Projektleiter wissen eben, wie man es langsam angehen lässt. Sie mögen zwar zu Projektbeginn gegenüber vorpreschenden Projektneulingen ins Hintertreffen geraten, überholen diese jedoch im weiteren Projektverlauf und liegen am Ende weit voraus.

Das hat zwar auch mit der richtigen Technik zu tun, mehr aber noch mit der inneren Haltung eines Projektleiters. Eignen Sie sich diese an, bremsen Sie sich zu Projektbeginn bewusst und widmen

Ein guter Plan lässt Raum zu steuern

7 Projektsteuerung: Projekte sicher ins Ziel bringen

Sie der Vorbereitung alle nötige Zeit – auch wenn alle anderen überhaupt nicht verstehen können, warum Sie so langsam an die Sache herangehen: Wer das nicht versteht, hat eben keine Ahnung. Seien Sie sicher: Die Leute, die Sie dazu drängen wollen, sich viel zu schnell ins Projekt stürzen, sind nachher jene Leute, die Ihnen die heftigsten Vorwürfe machen, wenn es zu Abweichungen kommt.

> **Profi-Tipp:**
> Je besser Sie ein Projekt vorbereiten, desto weniger Abweichungen werden Sie erleben.

3. Das Wartungsintervall: Die beste Waffe gegen Abweichungen

80 Prozent aller Abweichungen können Sie mit einer guten Vorbereitung von vornherein vermeiden. Mit den restlichen 20 Prozent müssen Sie umgehen können. Und das möglichst klug. Die meisten Projektleiter verhalten sich hier jedoch sehr unklug: Sie lassen sich überraschen.

Regelmäßig nachschauen – nicht erst, wenn alles zu spät ist

Angenommen, Sie fahren auf der Autobahn zu einem wichtigen Geschäftstermin, und plötzlich hat Ihr Motor den Kolbenfresser. Das Erste, was der herbeigerufene Gelbe Engel vom ADAC nach der Diagnose fragen wird, ist: „Wann war der letzte Kundendienst?" Denn wenn der Kolben frisst, hat jemand das Motoröl nachzugießen vergessen.

- Eine regelmäßige Wartung vermeidet Abweichungen.

Wer sein Auto liebt, gibt es regelmäßig zur Wartung. Denn wenn eine Abweichung schon aufgetreten ist, ist es immer zu spät. In kleinen bis mittleren Projekten wird jede Woche oder alle zwei Wochen eine „Wartung" vorgenommen. Als Daumenregel empfiehlt

Das Wartungsintervall **7**

sich auch: Regelmäßig nach fünf bis zehn Prozent der projektierten Projektlaufzeit. Eben wie beim Auto: regelmäßig.

Das Wartungs-Meeting

Nun werden Sie Abweichungen in Ihrem Projekt nicht allein dadurch vermeiden, indem Sie sich wöchentlich treffen. Sie müssen bei diesen Meetings auch die richtigen Fragen stellen, um drohende Abweichungen auch tatsächlich zu erkennen, bevor diese auftreten. Diese drei Fragen stellen Sie jedem Projektmitglied:

Die richtigen Fragen stellen

1. Werden Sie mit Ihrem Arbeitspaket zum geplanten Termin fertig sein? Wenn nein: Wann dann? Mit dieser Frage erkennen Sie drohende Abweichungen viel früher als in ungewarteten Projekten: Da unterrichtet Sie das Teammitglied frühestens, wenn die Abweichung bereits eingetreten ist – wenn überhaupt. So wird erst zum Abgabetermin klar, dass man diesen nicht halten kann. Stellen Sie diese Frage auch für die anderen Stellgrößen Arbeitsaufwand, Budget, Ergebnisse und Qualität.

Werden Sie fertig zum Termin?

Diese erste Frage dient der Früherkennung. Sie dient dazu, Ihnen so viel Zeit wie möglich zu verschaffen, um die drohende Abweichung zu verhindern, indem Sie den betreffenden Mitarbeiter entlasten, ihm Hilfe an die Hand geben, Aufgaben umverteilen etc.

2. Gibt es inhaltliche, technische, finanzielle, kapazitäre oder persönliche Probleme im Projekt, die bereits eingetreten sind oder sich abzeichnen? Wie können wir diese lösen? Mit dieser Frage verhindern Sie, dass die Teammitglieder irgendwann, wenn die Probleme akut werden, das Ganze einfach an Sie delegieren: Projektleiter, mach mal! Wenn alle sagen: „Nein, wir haben keine Probleme", gehen Sie tiefer. Fragen Sie: „Schön, wie steht es mit …? Haben Sie … bereits erledigt? Wie läuft gerade …?" Auf solche gezielten Fragen nach Arbeiten, die Sie für kritisch oder problematisch halten, kommen die Probleme ans Licht, die sich vorher keiner zu äußern wagte. Mit kritischen, aber höflichen Fragen unterbinden Sie alle Beschönigungs-Tendenzen.

Gibt es Probleme?

7 Projektsteuerung: Projekte sicher ins Ziel bringen

Wie läuft es insgesamt?

3. Wie geht's euch bei der Arbeit? Diese Frage wird von unerfahrenen oder wenig sozialkompetenten Projektleitern oft „vergessen". Die Stimmung ist schlecht, das Team ist total überlastet und wird bald meutern oder einfach schlechte Arbeit abliefern – aber der Projektleiter wird das erst bemerken, wenn der Schaden bereits eingetreten ist. Die Stimmungsfrage verhindert das. Sie hilft Ihnen, die Motivation im Team zu „erfühlen" und gegebenenfalls die Missstimmung mit viel aktivem Zuhören, mit Aufmerksamkeit, Verständnis und ein paar menschlichen Worten abzubauen.

4. Wenn Teammitglieder „schwänzen"

Alle im Boot halten

Leider hat die Zuverlässigkeit im deutschsprachigen Businessraum in den letzten 20 Jahren erheblich nachgelassen. Sie sehen das auch am Besuch Ihrer Team-Meetings: Alle sagen ihre Teilnahme zu, doch es fehlen immer wieder dieselben unentschuldigt. Mit diesen können Sie also keine Früherkennung betreiben. Sollten Sie aber, denn gerade wenn ein Teamkollege zu wenig Zeit für ein Projektmeeting hat, hat er oft auch zu wenig Zeit für seine Projektaufgabe.

- Fassen Sie bei fehlenden Teammitglieder persönlich nach.

Sorgen Sie für ein Gespräch unter vier Augen. Gerade bei kleinen und mittleren Projekten ist das ohne weiteres möglich. Ich weiß, das macht Ihnen zusätzliche Arbeit, die völlig unnötig ist: Warum kann der Schwänzer nicht kommen wie alle anderen auch? Doch diese Zusatzarbeit benötigt meist nur wenige Minuten Zeit und lohnt sich immer. Sie kostet stets weniger Zeit, als Sie Ihnen im Endeffekt einspart.

Bevor Sie die drei oben genannten Fragen stellen, fragen Sie das Teammitglied nach dem Grund seines Fernbleibens. Damit er sieht, dass Sie das nicht unkommentiert lassen. Sie müssen ihm dazu gar keine Gardinenpredigt halten – das nützt sowieso nichts. Die blo-

7 Wenn Teammitglieder „schwänzen"

ße Frage nach dem Grund seiner Abwesenheit wirkt viel besser, weil sie keinen Widerstand provoziert.

Wenn ein Teammitglied Sie anlügt

Wenn Sie Projektmanagement-Literatur lesen, die auf dem Instrumentarium großer und sehr großer Projekte basiert, dann werden Ihnen nicht nur Instrumente empfohlen, die in kleinen Projekten nichts taugen. Es werden auch „Kleinigkeiten" verschwiegen, die nicht nur in kleinen Projekten über Erfolg und Misserfolg entscheiden. Doch wer großartig über Netzpläne redet oder schreibt, übersieht gerne einmal solche entscheidenden Trivialitäten wie die Angewohnheit von manchen Teammitgliedern, zu lügen.

Dabei ist Lügen schon ein hartes Wort. Wer gibt schon gerne auf Ihre Frage nach Problemen im Projekt zu, dass er heftig am Rudern ist? So charakterfest sind die wenigsten Teammitglieder, dass sie Probleme unumwunden und ehrlich zugeben. Diese Größe bleibt wirklich großartigen Mitarbeitern vorbehalten. Die anderen flunkern mangels kommunikativer Kompetenz oft:

Ruhig mal näher nachfragen

„Irgendwelche Probleme im Projekt?"

„Neinnein, überhaupt nicht, höchstens – aber das ist wirklich nur ein kleines Problemchen ..."

Dabei steht das Arbeitspaket kurz vor dem Kollaps. Was tun Sie gegen das Schönreden?

- Vertrauen ist gut, ein Plausibilitäts-Check ist besser.

Dieser dient nicht nur der Wahrheitsfindung und Ihrem Projekterfolg, sondern auch der Teamdisziplin. Ihre Mitglieder sehen dann nämlich: „Aha, mit unserem Projektleiter kann man's nicht machen. Der passt auf!" Wie geht ein Plausibilitäts-Check? Lassen Sie das Teammitglied über den Fortschritt seiner Aufgabe reden. Unstimmigkeiten kommen umso häufiger und schneller ans Licht, je länger er redet und je klügere Fragen Sie zum Verständnis stellen.

Klingt alles plausibel?

7 Projektsteuerung: Projekte sicher ins Ziel bringen

Denn kein Lügengebäude ist so standfest, dass es ein paar klug gestellten Fragen standhalten könnte. Die Wahrheit kommt immer ans Licht. Werfen Sie dieses Licht auf den kleinen Schwindler und seien Sie ihm nicht böse. Wir alle probieren es ab und zu ...

Wenn Teammitglieder Sie hängen lassen

Das weitaus häufigste Problem der Projektsteuerung sind weder – wie Projektlaien und Wirtschaftsjournalisten annehmen und propagieren – technische, terminliche oder finanzielle Probleme. Die Technik haben Sie irgendwann im Griff, der Termin ist fest und Geld ist zwar nicht im Überfluss, aber bei etwas Einfallsreichtum ausreichend vorhanden. Nein, was Projekte viel stärker aufhält, ist der Faktor Mensch: Man lässt Sie hängen!

„Tut mir leid, ich kam nicht dazu, mein Arbeitspaket zu erledigen, wir haben gerade so viel zu tun in unserer Abteilung." Sie wissen genau, dass Ihr Teammitglied Sie da wohl ein bisschen anschwindelt – aber was sollen Sie machen? Wie steuern Sie diese Situation?

> Wenn man Sie hängen lässt, fragen Sie das Teammitglied: Bis wann ist es denn fertig? Dann fragen Sie sich: Wie glaubhaft ist die Zusage diesmal?

Vertrauen ist gut – Erziehung ist wichtig

Beim ersten Mal müssen Sie dem Teammitglied noch vertrauen – das sind Sie der Führungskultur des gegenseitigen Vertrauens schuldig. In einer Misstrauenskultur wird nämlich noch viel schlimmer gelogen. Vertrauen ist gut, Erziehung ist besser:

> Vereinbaren Sie einen neuen Termin, betonen Sie dessen Verbindlichkeit und die Einmaligkeit Ihres Entgegenkommens.

Das ist wichtig, damit das Teammitglied merkt: Es ist ihm wichtig! Wenn Sie nicht auf Einmaligkeit und Verbindlichkeit hinweisen, denken alle anderen Teammitglieder: „Hoppla, wenn der Kollege Zusagen brechen darf und dem Projektleiter das offensichtlich nicht so wichtig ist, darf ich das auch."

7
Wie Sie chronische Abweichungen steuern

Unterstellen Sie beim ersten Mal keine böse Absicht. Das bringt Sie nicht weiter. Unterstellen Sie lieber eine taktische Absicht: Viele Teammitglieder versuchen einfach, Ihre Grenzen auszutesten. Sie versuchen herauszufinden, wie ernst es Ihnen mit der Disziplin ist und ob Sie durchgreifen. Greifen Sie durch, weiß Ihr Team, wo Ihre Grenzen liegen. Versäumen Sie es, verkommt die Disziplin.

Unterstellen Sie keine böse Absicht

Was ist der Wirkungsgrad dieser Vorgehensweise? Er liegt bei 80 Prozent. 80 Prozent aller Teammitglieder werden nach der ersten gebrochenen Zusage ihre zweite nicht brechen – wenn Sie die Verbindlichkeit entsprechend betonen. Wie steuern Sie die abweichenden 20 Prozent?

Treffen Sie eine neue Vereinbarung

5. Wie Sie chronische Abweichungen steuern

Einige Teammitglieder werden auch die zweite Zusage nicht einhalten. Verstecken Sie Ihren Zorn darüber nicht. Der Kollege darf ruhig erfahren, dass er Ihnen Kummer macht – sonst hat er keinen Anreiz, sich zu bessern. Aber verlassen Sie sich nicht auf diese Besserung: Sie wird meist nicht kommen.

Wenn Sie jene Kollegen betrachten, die auch die zweite Zusage nicht einhalten, wird Ihnen schnell auffallen, dass es sich meist um die chronisch Überlasteten, Happy Hektiker und Unorganisierten handelt.

> Für Ihre Pappenheimer gilt: Einmal unzuverlässig, immer unzuverlässig.

Rechnen Sie daher damit, dass sich ein Pappenheimer bei sämtlichen seiner Angaben zum Projekt kräftig verrechnet, den Aufwand unterschätzt und seine verfügbare Zeit und/oder Arbeitsleistung grob überschätzt hat.

Puffern Sie

7 Projektsteuerung: Projekte sicher ins Ziel bringen

> **Checkliste: Chronische Abweichungen steuern**
>
> Wenn Sie nach der zweiten gebrochenen Zusage bemerken, dass ein Teammitglied sich voraussichtlich bei vielen seiner Zusagen verschätzt hat:
>
> - Rechnen Sie die resultierenden Verspätungen und Qualitätsverluste auf sämtliche seiner Aufgaben in Ihrem Projekt hoch.
> - Korrigieren Sie Ihren Projektplan entsprechend in allen wesentlichen Punkten wie Termine, Kosten und Kapazitäten.
> - Unterrichten Sie den Auftraggeber über die Änderungen.
> - Falls Sie den Plan nicht korrigieren können, weil die Termine, Kosten und Kapazitäten feststehen: Wie bekommen Sie das Mitglied dazu, seine Zusagen einzuhalten?
> - Konkret: Womit können Sie ihn unterstützen? Welche (Teil-)Aufgaben können Sie von ihm auf andere verteilen (nicht selbst übernehmen!)? Können Sie Teile seiner Aufgaben abspecken?

Viele Projektleiter versuchen es anders: Sie reden dem Teammitglied gut zu, drohen oder versuchen, es zu erziehen. Er nickt zwar eifrig und gelobt Besserung – aber auch diese Zusage hält er nicht ein. Lassen Sie sich keine Märchen erzählen, Sie sollen Ihr Projekt führen. Außerdem nützt Ihnen auch die bestgemeinte Zusage herzlich wenig, wenn der betreffende Mitarbeiter gerade wirklich keine Zeit für Ihr Projekt hat.

6. Der Paradefall der Projektsteuerung: Der Kunde verlangt ständig Änderungen

Eine der häufigsten Ursachen von Planabweichungen sind die *Change Requests*. Natürlich kommen diese Änderungswünsche vom Kunden. Doch viele davon sind provoziert – ausgerechnet vom Projektleiter selbst!

> Je ungenauer Sie Ihre Auftragsklärung machen, desto mehr *Change Requests* provozieren Sie.

Umgekehrt ausgedrückt: Je besser Sie die Wünsche, Ziele und Interessen von Auftraggeber und Kunden verstanden haben, desto weniger sehen diese sich im Verlauf des Projektes dazu veranlasst, Änderungen zu verlangen – denn Sie haben ja genau verstanden, was Kunde oder Auftraggeber wollen! Sehr viele *Change Requests* werden einfach dadurch provoziert, dass der Projektleiter nicht genau zuhört und dann in die falsche Richtung losläuft – kein Wunder, dass der Kunde daraufhin Richtungsänderungen anmahnt!

Viele Änderungswünsche lassen sich vorhersehen

Zwei Drittel der Änderungswünsche können Sie mit einer guten Auftragsklärung (siehe Kapitel 2) von vornherein vermeiden. Mit dem restlichen Drittel müssen Sie umgehen können. Viele Projektleiter können das nicht, obwohl sie das Gegenteil annehmen. Das hört sich dann so an:

„Was soll ich machen? Wenn der Kunde das anders haben will, dann müssen wir das eben anders liefern!"

Das ist Unfug. Oder wie der Vorstandschef eines deutschen Anlagenbauers sagte: „Wenn der Kunde einen goldenen Kirchturmhahn auf seine Ölraffinerie will, dann machen das meine Ingenieure auch noch!" Das ist kein technisches Problem, sondern ein finanzielles. Doch das sehen die wenigsten Projektleiter. Betrachten wir dazu ein Beispiel, wie es jährlich tausendfach in der deutschen Wirtschaft passiert.

7 Projektsteuerung: Projekte sicher ins Ziel bringen

Ein Instrumentenbauer baut ein neues Gerät für ein Metall verarbeitendes Unternehmen. Nach einigen Wochen Konstruktionszeit sagt der Projektleiter zum Kunden: „Das neue Gerät wird viel zu gut für die alten Schnittstellen. An den Schnittstellen verlieren Sie 30 Prozent der Leistung des Geräts! Lassen Sie doch auch die Schnittstellen modernisieren!" Der Kunde ist begeistert über diesen Hinweis und erteilt prompt einen Änderungsauftrag: „Packen Sie das auch noch ins Projekt rein!"

Änderungen: neu planen und kalkulieren

Und nun halten Sie sich fest: Die weitaus meisten Projektleiter tun das auch – ohne Kostenaufschlag! Es ist unglaublich, doch das ist tägliche Praxis im deutschen Projektmanagement – im englischen ist das zum Beispiel ganz anders. In den USA schluckt man nicht – und verliert den Kunden trotzdem nicht.

Entscheiden Sie erst bei Kenntnis aller Faktoren

Nun, diesen katastrophalen kaufmännischen Fehler begeht der Projektleiter in unserem Beispiel nicht. Er kalkuliert nach und präsentiert dem Kunden die korrigierten Kosten ganz schüchtern, worauf dieser lauthals lacht und meint: „Was tun Sie so schüchtern? Wenn wir die Schnittstellen modernisieren lassen, zahlen wir auch die Schnittstellen. Natürlich reden wir noch über den Preis, aber gezahlt wird auf jeden Fall!" Trotzdem geht das Projekt gründlich daneben. Denn als der Endtermin zwei Wochen überschritten ist, steht der Geschäftsführer des Kunden im Projektbüro und verlangt Zahlungsminderung wegen Terminverzug. Der Projektleiter ist empört: „Wieso haben wir die Verzögerung zu verantworten? Sie haben doch selbst den Auftrag gegeben, die Schnittstellen noch obendrauf zu packen. Mit diesem Zusatzauftrag war der ursprüngliche Termin nie und nimmer zu halten!" Worauf der Geschäftsführer nur eines erwidert: „Warum sagen Sie das jetzt erst?" Weil der Projektleiter nie etwas anderes gesagt hatte, ging der Kunde davon aus, dass er auch den Zusatzwunsch in der vereinbarten Zeit schaffen werde.

Warum unterläuft einem erfahrenen Ingenieur so ein Fehler? Weil er zu viel dachte und zu wenig redete. Er dachte, das müsse jedem

Der Paradefall der Projektsteuerung 7

klar sein, dass ein Zusatzauftrag Zusatzzeit benötigt, teilte das aber niemandem mit.

> Machen Sie auf Änderungswünsche hin niemals Zusagen. Legen Sie vielmehr zunächst die Konsequenzen offen.

Checkliste: Änderungswünsche konsequent steuern

Wenn der Kunde einen *Change Request* anmeldet:

- Aufpassen! Geben Sie keinerlei sofortige Zusage.
- Nehmen Sie den Änderungswunsch lediglich zur Kenntnis.
- Fragen Sie so lange nach, bis Sie den Wunsch
  a) unmissverständlich und
  b) vollständig verstanden haben.
- Kündigen Sie an, dass Sie sich zurückziehen werden, um die beste Lösung für den Änderungswunsch zu konzipieren.
- Wofür Sie sich zurückziehen, ist die Klärung der Frage: Was bedeutet dieser Wunsch für
  a) unseren Termin?
  b) unser Budget?
  c) die anderen Qualitätsziele?
  d) unsere Kapazitäten?
- Teilen Sie dem Kunden sämtliche dieser Konsequenzen seines Wunsches mit und lassen Sie ihn entscheiden: Entweder
  a) er gibt den Wunsch auf, weil er sieht, was er ihn kostet.
  b) der Wunsch ist es ihm wert und er trägt die Konsequenzen.
  c) Oder er ist hin- und hergerissen: Verhandeln Sie!
- Fällt die Entscheidung zugunsten einer Änderung, müssen Sie Ihre Projektplanung ändern und diese Änderung auch kommunizieren: „Ab sofort ist dieser neue Plan die Basis unserer Steuerung."

7 Projektsteuerung: Projekte sicher ins Ziel bringen

7. Die Ampelsteuerung

Grün, gelb, rot – Ihr Projektstatus

Am Ende eines Wartungs-Meetings, wenn alle Abweichungen, drohenden Abweichungen und Kundenextrawünsche besprochen sind, verschaffen Sie sich einen Überblick über den Stand Ihres Projektes. Das geht am besten mit der Ampelsteuerung:

- Markieren Sie in Ihrem Gantt-Diagramm (siehe Kapitel 5) sämtliche Arbeitspakete, die im Plan liegen, mit grüner Farbe. Wenn eine tolerierbare Abweichung vorliegt oder eine, die Sie absehbar mit wenig Aufwand aufholen werden, ist das auch noch grün.

- Markieren Sie jene in Verzug geratenen Pakete gelb, bei denen Sie die Augen offen halten müssen, weil sie möglicherweise nicht mehr zu kompensieren sind.

- Markieren Sie Pakete rot, in denen massive Probleme herrschen.

Regeln festlegen

Natürlich sollten Sie zuerst Regeln vereinbaren: Wann schalten wir bei welchen Abweichungen in Bezug auf die drei Stellgrößen Termin, Kosten, Qualität von grün auf gelb, von gelb auf rot um? Ist eine Woche Verzögerung noch gelb? Sind sieben Prozent Budgetabweichung schon rot?

Für die Qualität, also die Funktionalität eines Projektergebnisses, könnte das zum Beispiel so aussehen:

- grün – volle Funktionalität gewährleistet
- gelb – Minimalfunktionalität gewährleistet
- rot – nicht mal die Minimalfunktionalität ist mehr gewährleistet

Für die Kosten könnte das so aussehen:

- grün – geplante Kosten werden eingehalten
- gelb – Kostenüberschreitung ist maximal zehn Prozent
- rot – Kostenüberschreitung liegt über zehn Prozent

Die Ampelsteuerung 7

Was tun Sie, wenn Sie eine Vereinbarung dieser Art im Team getroffen haben? Sie müssten diese Frage jetzt beantworten können. Denken Sie einmal über den Kreis Ihres Teams hinaus. Wer muss noch von dieser Regelung erfahren? Der Kunde? Vielleicht. Der Auftraggeber aber auf jeden Fall! Benachrichtigen Sie ihn und nehmen Sie seine Änderungswünsche wahr.

Regeln vereinbaren

Projektleiter, welche mit der Ampel steuern, haben übrigens bei ihren Auftraggebern einen Stein im Brett. Die meisten wollen keine langen Reden und Berichte, sondern auf den ersten Blick sehen, „was Sache ist". Mit der Ampelsteuerung können Sie Ihrem Auftraggeber diesen Wunsch erfüllen. Was Ihrem Auftraggeber nützt, nützt Kunden, Ihnen und dem Team erst recht. Sie sehen auf den ersten Blick: „Aha, alles im grünen Bereich im Projekt!"

Ihr Reporting

Das *Reporting* (siehe auch Glossar) ist in den meisten Projekten nicht geregelt, weshalb es ständig Ärger verursacht. Weil nicht vereinbart wurde, wie oft Sie den Auftraggeber informieren, meldet er sich bei Ihnen, sobald ihn etwas beunruhigt. Permanent schaut er Ihnen über die Schulter, weil er wissen will, wie das Projekt steht. Vermeiden Sie das, indem Sie von vornherein mit ihm regelmäßige Projektberichte vereinbaren: drei- bis viermal während des Projektes oder jede Woche oder alle zwei Wochen – worauf auch immer Sie sich einigen können. Dann haben Sie Ihre Ruhe und können sich auf Ihre Arbeit konzentrieren.

Berichte vorher überlegen

Was berichten Sie? Das ist die falsche Frage. Die erste Frage muss lauten: Wie lange berichten Sie ihm? Darauf gibt es nur eine Antwort: So kurz wie möglich. Am besten in fünf Minuten, am längsten in zehn Minuten – alles, was länger geht, langweilt nur. Geben Sie keine seitenlangen Berichte, zeigen Sie lieber die Ampel (s.o.). Für gelbe und rote Arbeitspakete zeigen Sie die Konsequenzen auf Termine, Kosten und Qualität im Endergebnis auf, präsentieren die Lösungen und notieren seine Anregungen. Mehr nicht.

Kurz und bündig das Wesentliche

7
Projektsteuerung: Projekte sicher ins Ziel bringen

So einfach es sich auch anhören mag: Viele Projektleiter gehen nicht so vor. Stattdessen melden sie zwar pflichtgemäß gelbe und rote Arbeitspakete, reden sich dann aber heraus, indem sie oft ganz unbewusst Schuldige präsentieren: „Aber wir sind nur so spät dran, weil Marketing drei Tage zu spät lieferte!" „Unser Lieferant hat Minderleistung gebracht!" Das interessiert Ihren Auftraggeber herzlich wenig, ihn interessiert einzig und allein, was Sie dagegen unternehmen werden!

PR in eigener Sache

Es gibt noch einen Grund für regelmäßige Berichte, den unerfahrene Projektleiter häufig übersehen: Eigen-PR. Wenn Sie Ihrem Auftraggeber nur dann berichten, wenn etwas schief läuft, erfährt er nur Negatives von Ihnen. Für ihn werden Sie also zum Inbegriff schlechter Nachrichten. Er wird schon zusammenzucken, wenn er Sie nur sieht, und denken: „Oje, welches Unheil meldet er mir jetzt schon wieder?" Das wirkt sich zwangsläufig negativ auf Ihre Beziehung zum Auftraggeber und auf Ihre Karriere aus. Wenn Sie ihm dagegen regelmäßig die Ampel zeigen, überwiegen logischerweise die guten Nachrichten. Er bekommt den richtigen Eindruck: „Dieser Projektleiter ist kurz und präzise, hat alles im Griff und kriegt seine Abweichungen gesteuert! Er/Sie empfiehlt sich für Höheres!"

8. Turbo-Check: Projekte und Abweichungen steuern

Turbo-Check:

Projekte und Abweichungen steuern

- Schrecken Sie nicht zu sehr vor Abweichungen zurück: Sie gehören zum Tagesgeschäft.
- Je besser Sie ein Projekt vorbereiten, desto weniger Abweichungen werden Sie erleben.

Turbo-Check 7

- Abweichungen können Sie nicht länger überraschen, wenn Sie Wartungsintervalle für Ihr Projekt einrichten: wöchentlich oder zweiwöchentlich.
- Fragen Sie auf dem Wartungs-Meeting jedes Teammitglied:
  1) Beenden Sie Ihre Aufgabe voraussichtlich termin-, kosten- und zielgerecht? Wenn nicht, wann und wie dann?
  2) Gibt es aktuelle oder absehbare Probleme?
  3) Wie geht es Ihnen mit den Projektaufgaben?
- Wenn Probleme gemeldet werden: Arbeiten Sie gemeinsam Lösungen aus und treffen Sie entsprechende Vereinbarungen.
- Unterziehen Sie Antworten auf Ihre ersten beiden Fragen einem Plausibilitäts-Check.
- Wenn man Sie hängen lässt: Treffen Sie eine zweite Vereinbarung.
- Lässt derselbe Kollege Sie ein zweites Mal hängen, wird er das auch ein drittes Mal tun: Korrigieren Sie Ihren Projektplan und benachrichtigen Sie den Auftraggeber. Ist keine Plankorrektur möglich: Verteilen Sie seine Aufgaben neu.
- Wenn Kunden oder Auftraggeber die Projektziele ändern wollen: Niemals sofort zusagen, erst die Konsequenzen auf Endtermin, Kosten und Projektziele kalkulieren und dann den Kunden entscheiden lassen, ob er sich das leisten möchte.
- Fassen Sie den Stand Ihres Projektes mit der Ampelsteuerung zusammen.
- Vereinbaren Sie *Reporting-Intervalle* mit Kunde und Auftraggeber.
- Betrachten Sie mit Wohlgefallen, wie sich die Abweichungen in Ihrem Projekt quasi von alleine steuern.

Projektabschluss: Nutzen Sie Ihre Erfahrung!

8

1. Niemand kann sich denselben
   Fehler ein zweites Mal leisten 178
2. Wie geht ein Projektabschluss? ... 179
3. Seien Sie ein guter Moderator 180
4. Was müssen Sie archivieren? 182
5. Turbo-Check:
   Das Projekt abschließen 184

Es ist ganz erstaunlich, wie manche unserer Projektleiter es schaffen, fünfmal hintereinander denselben Fehler zu machen.

Ernst Altbeck, Geschäftsführer

1. Niemand kann sich denselben Fehler ein zweites Mal leisten

Nichts wie raus hier?

Was ist Ihr erster Gedanke, wenn Ihr Projekt zu Ende geht? Die meisten Projektleiter denken: „Bloß raus hier! Schnell zurück zur eigentlichen Arbeit. Wegen diesem Projekt ist ja so vieles liegen geblieben!" Ein verständlicher, jedoch auch verhängnisvoller Wunsch. Denn geht er in Erfüllung, stecken Sie in Schwierigkeiten:

> Je schneller Sie nach einem Projekt zur Tagesordnung übergehen, desto schwerer haben Sie es beim nächsten Projekt.

Erfahrungen aufbewahren

Mit Sicherheit werden Sie in den nächsten Jahren wieder ein Projekt wie das eben abgeschlossene leiten. Dann werden Sie sich fragen: Wie lief das damals noch? Wie lange haben wir eigentlich gebraucht? Wie haben wir das gemacht? Alle diese und viele andere brennende Fragen werden Sie nicht beantworten können, weil Sie eine Frage nicht beantworten können: Wo sind die Unterlagen von damals? Es sind keine da, weil damals jeder Projektmitarbeiter so schnell wie möglich nach der Abnahme aus dem Projekt geflüchtet ist, um neue Aufgaben anzugehen, und es keinen formellen Projektabschluss mit integrierter Dokumentation gab.

> Ein professionell geführtes Projekt endet mit einem sauberen Abschluss.

Aus den Fehlern lernen

Unerfahrene Projektleiter wenden darauf ein: „Aber das macht doch nur Arbeit! Das belastet doch nur zusätzlich!" Stimmt, das belastet Sie momentan ein wenig, entlastet Sie jedoch beim nächsten Projekt gewaltig. Und das nächste Projekt kommt bestimmt! Falls Sie immer noch Hemmungen haben, einen formellen Projekt-

Wie geht ein Projektabschluss? **8**

abschluss vorzunehmen, motivieren Sie sich mit dem Gedanken an die Konsequenzen:

> Wenn Sie im nächsten Projekt nicht dieselben Fehler machen wollen, die Sie schon im letzten Projekt begangen haben, dann schließen Sie das Projekt sinnvoll und professionell ab.

2. Wie geht ein Projektabschluss?

Keine Bange, einen professionellen Projektabschluss bekommen Sie ganz leicht hin. Sie benötigen dafür nur drei Schritte:

- Planen Sie eine halbe bis ganze Stunde für einen Rückblick ein. Rufen Sie alle Projektteammitglieder zusammen. Stellen Sie zwei Fragen:
  A) Was lief richtig gut?
  B) Was lief nicht so gut?
- Überlegen Sie, was Sie beim nächsten Mal besser machen können, und sammeln Sie die Anregungen auf einem A4-Blatt.

Lernen aus dem Projekt

Dieses Blatt legen Sie Ihrer Projektdokumentation (s.u.) bei. Dann müssen Sie nicht erst stundenlang in den Unterlagen wühlen, um sich auf das nächste Projekt vorzubereiten. Sie sehen vielmehr auf den ersten Blick, auf welche Punkte Sie für das nächste Projekt besonders achten müssen. Achten Sie darauf, dass Sie nur solche Anregungen auf das Blatt setzen, die auch realistisch sind. Also keine Verbesserungen, die Sie sowieso nie umsetzen können.

Setzen Sie den offiziellen Projektschlusspunkt

Das heißt: Bedanken Sie sich formell bei Ihrem Team. Sie haben das Projekt schließlich nicht im Alleingang gestemmt. Wenn Sie sich dankbar zeigen, werden Ihre Teammitglieder auch beim nächsten Projekt wieder gerne für Sie arbeiten. Insbesondere dann, wenn

„Danke" sagen

8   Projektabschluss: Nutzen Sie Ihre Erfahrung

Sie auch zu feiern wissen: Lassen Sie die Korken knallen, bestellen Sie ein paar Häppchen oder Kuchen, verteilen Sie Erinnerungsfotos, stellen Sie lustige Projekturkunden aus – in jedem Team feiert man anders. Was kommt in Ihrem Team gut an? Wie feiern Ihre Leute gerne?

Und feiern?

Und behaupten Sie nicht, dass so eine Mini-Bürofeier nicht nötig sei und es in einem Projekt nur auf das Fachliche ankomme. Menschen feiern gerne. Solche Kleinigkeiten schweißen ein Team weit über das Projektende hinaus zusammen.

Viele Projektteams laufen einfach auseinander. Das Projekt ist zwar zu Ende – aber das weiß keiner so genau, weil niemand informiert wurde. Man weiß nicht, ob das Projekt noch läuft, ob man gut war, ob die Kunden zufrieden sind – das alles demotiviert fürs nächste Projekt.

Ein Dank auch an die Chefs

Ein kluger Zug ist auch, die Vorgesetzten Ihrer Teammitglieder zu informieren – natürlich nur über das Positive, was ihre Mitarbeiter im abgeschlossenen Projekt geleistet haben. Das macht die Vorgesetzten stolz auf ihre Mitarbeiter und motiviert sie für eine weitere Zusammenarbeit: „Ein guter Projektleiter informiert mich auch darüber, was meine Leute im Projekt geleistet haben. Dem kann ich meine Mitarbeiter auch beim nächsten Mal bedenkenlos anvertrauen." Und das wollen Sie doch, oder?

3. Seien Sie ein guter Moderator

Sie rufen also Ihr Team zusammen und sammeln Anregungen fürs nächste Projekt. In der Praxis funktioniert das jedoch nur, wenn Sie ein guter Moderator sind. Projektleiter mit mangelnder Moderationskompetenz begehen beim Abschluss-Meeting vor allem zwei Fehler mit gravierenden Konsequenzen:

Seien Sie ein guter Moderator   8

- Sie tendieren zur überwiegend negativen Beurteilung des gerade beendeten Projekts.
- Sie lassen zu, dass sich einzelne Projektmitglieder für Fehler gegenseitig die Schuld zuschieben bzw. sich dafür rechtfertigen.

Betrachten wir beide Fehler im Detail. Die meisten Projektleiter und Teammitglieder tendieren in Abschluss-Sitzungen dazu, nur das Negative am beendeten Projekt zu sehen. Sie übergehen die Frage nach dem, was gut lief im Projekt, und gehen gleich zur Frage über, was nicht so gut lief. „Aber das ist doch das eigentlich Interessante", wenden Projektleiter daraufhin meist ein. Das mag sein, doch:

Kein Projekt hat nur Negatives

> Wer nur das Negative sieht, kann nichts Positives erreichen.

Wer nur die Fehler im beendeten Projekt sammelt, demotiviert sich und andere, diese Fehler abzustellen, denn Fehler motivieren nicht, sondern sorgen lediglich für Frustration. Niemand macht gerne Fehler. Wer jedoch die Qualität seiner Arbeit steigern will, muss sich und Menschen motivieren (können). Sprüche wie „Das machen wir das nächste Mal aber besser!" schaffen keine zusätzliche Motivation, sondern allein die Erinnerungen an eigene Erfolge, weil sie zeigen, dass Sie „es" schaffen können. Deshalb sagen die Amerikaner: *Nothing succeeds like success.*

Motivieren für neue Erfolge

> Alte Erfolge motivieren für neue Erfolge.

Listen Sie also die gemeinsamen Erfolge im Projekt ebenso auf wie später auch die negativen. Das eine ist ohne das andere nicht das Papier wert, auf dem es steht.

Den zweiten Fehler, der in Abschluss-Meetings fast immer auftaucht und das Meeting sozusagen gewaltsam beendet, betrachten wir an einem Beispiel:

„Also, ich fand es nicht gut, dass das Labor die Testberichte immer so spät anlieferte."

8 Projektabschluss: Nutzen Sie Ihre Erfahrung

„Was heißt zu spät? Du solltest mal sehen, was bei uns im Labor derzeit los ist! Und außerdem, so spät war das doch gar nicht!"

Schuldzuweisungen ändern nichts

Kommt es zu Schuldzuweisungen und Rechtfertigungen, ist das Meeting gelaufen, weil es nur noch darum geht, wer Recht und wer Schuld hat und wie das überhaupt alles damals genau ablief. Das bringt Ihnen an Erkenntnisgewinn fürs nächste Projekt rein gar nichts. Erinnern Sie deshalb als Projektleiter und Moderator immer und immer wieder daran: „Moment mal, liebe Kollegen. Erst sammeln wir alles, was nicht so gut lief, und jeder verkneift sich dazu einen Kommentar, auch wenn es ihm auf der Zunge brennt. Und danach reden wir nicht über Schuld und Sühne, sondern über Lösungen."

Sie als Moderator müssen ganz klar, wiederholt und diszipliniert zwischen den Schritten 1 (Positives und Negatives sammeln) und 2 (Lösungen sammeln) trennen:

- Erst sammeln, dann lösen.

Wenn Sie das ein halbes Dutzend Mal in aller Deutlichkeit wiederholen, lernt es Ihr Projektteam relativ schnell. Denn ein guter Projektleiter ist ein gutes Vorbild, das schnell kopiert wird, sofern es sich nur konsequent verhält.

4. Was müssen Sie archivieren?

Gesetzliche Anforderungen

Für manche Projekte gibt es gesetzliche Archivierungs-Vorschriften. Falls Sie diese nicht schon kennen und befolgen, kann Ihnen Ihre Rechts- oder Qualitätsabteilung dabei weiterhelfen. Doch Sie archivieren ja nicht nur, um dem Gesetz Genüge zu tun. Sie archivieren vor allem, um künftige Projekte leichter, schneller und erfolgreicher meistern zu können. Deshalb sollten Sie insbesondere vier Arten von Unterlagen archivieren:

8 Was müssen Sie archivieren?

1. Unterlagen, die den ursprünglichen Auftrag und die nachfolgenden Änderungswünsche dokumentieren. Warum diese Unterlagen archivieren? Weil sich viele Änderungen wiederholen. Wenn zum Beispiel die Marketingabteilung mitten in Ihrem alten Projekt einen Änderungswunsch hat, wird Sie diesen auch im nächsten Projekt vorbringen. Dann aber können Sie den Change Request voraussehen und müssen sich nicht mehr überraschen lassen.

2. Projektpläne und Gantt-Diagramme, damit Sie zum Beispiel sehen können, welche Arbeitspakete kritisch wurden, wo Sie sich verschätzt haben, was reibungslos durchlief. Viele Projektleiter verschätzen sich nämlich immer wieder bei denselben oder ähnlichen Arbeitspaketen.

3. Statusberichte. In diesen Berichten können Sie nachlesen, wie das Team mit welchen Vorkommnissen, Problemen und Abweichungen umging.

4. Protokolle und Unterlagen über Entscheidungen, wenn Ihr Projekt einen externen Kunden hat. Viele Kunden schieben gern die Schuld auf Sie, wenn das Projektergebnis in der Praxis nicht wie erhofft funktioniert. Dann ist es für Ihre Produkthaftung entscheidend, belegen zu können, dass der Kunde in seiner Entscheidung vom ..., dokumentiert in ..., das Projektergebnis in der vorliegenden Form akzeptiert hat.

Für ein kleines bis mittleres Projekt kriegen Sie diese Unterlagen alle in ein bis zwei Leitz-Ordnern unter.

Vorsicht beim elektronischen Archiv

Seien Sie vorsichtig mit der elektronischen Dokumentation. Denn: Welche Dokumentations-Software, die Sie heute benutzen, benutzen Sie in fünf Jahren noch? Viele Unternehmen haben hier große Probleme. Sie besitzen zwar noch die wertvollen Dokumente über die alten Projekte – doch sie können sie nicht mehr lesen, weil die entsprechende Software nirgends mehr vorhanden ist!

Doppelt hält besser

8 *Projektabschluss: Nutzen Sie Ihre Erfahrung*

Die elektronische Dokumentation allein genügt nicht.

Sie sollten immer zusätzlich auf Papier speichern. Denn viel zu schnell kann die elektronische Speicherung gelöscht werden, beispielsweise durch einen unbedachten Mausklick, oder weil jemand Speicherplatz auf dem Server benötigt und dafür einfach alles löscht, was älter als drei Jahre ist – ein durchaus übliches Löschkriterium, das leider im Falle der Projektarchivierung verheerende Folgen hat.

5. Turbo-Check: Das Projekt abschließen

Turbo-Check:

Das Projekt abschließen

- Versuchen Sie, so viel wie möglich vom alten Projekt für neue Projekte zu lernen: Erfahrung macht den Erfolg!
- Planen Sie deshalb den Projektabschluss von Anfang an ein.
- Fertigen Sie zusammen mit dem Team insbesondere eine Liste mit Dingen an, die Sie beim nächsten Mal besser machen werden.
- Wenn in einem Projekt etwas heftig schief lief und deshalb noch schlechte Stimmung herrscht, empfiehlt es sich, einen professionellen Moderator für den Projektabschluss hereinzuholen.
- Archivieren Sie so wenig wie möglich, aber so viel wie nötig.

Verbessern Sie Ihr Projektmanagement in kleinen Schritten

1. Erfolg ist planbar 186
2. Nicht alles auf einmal 186
3. Planen Sie die Realisierung 188
4. Der große Irrtum: Niemand applaudiert 189
5. Erfolge managen 190
6. Misserfolge managen 191
7. Turbo-Check: Zehn Schritte zum Erfolg 193

Im Leben geht es seltsam zu.
Wenn man sich auf das Beste kapriziert,
bekommt man es oft tatsächlich.

W. Somerset Maugham

1. Erfolg ist planbar

Wenn Sie auf dieser Seite angelangt sind, können Sie erst mal durchatmen. Sie wissen jetzt alles, was ein professionelles und erfolgreiches Projektmanagement für kleine und mittlere Projekte ausmacht.

Ihre Vorhaben planen

Was fangen Sie nun mit dem Gelesenen an? Sie werden sich kaum wundern, wenn ich Ihnen sage, dass es auch bei der Umsetzung der Projektmanagement-Tipps aus den vorangegangenen Seiten erhebliche Unterschiede zwischen erfahrenen und weniger erfahrenen Projektleitern gibt:

> In diesem Buch steht zwar für alle dasselbe – doch die erfahrenen Kollegen schaffen es schneller und leichter, ihre Projekte dadurch deutlich besser zu steuern.

Erfahrene Kollegen packen die Umsetzung der Tipps in diesem Buch ganz anders an. Anders formuliert: Sie umgehen die typischen Fallen bei der Umsetzung.

> Schalten Sie bei der Umsetzung der Ideen in diesem Buch Ihren gesunden Menschenverstand ein.

Was das konkret bedeutet, beleuchten wir an neun Punkten.

2. Nicht alles auf einmal

Eins nach dem anderen

Am Ende von Projektmanagement-Seminaren meinen viele Teilnehmer: „Meine Güte. Dass einiges nicht optimal bei uns läuft, wusste ich ja. Aber dass es so vieles ist! Ich muss mein Projektma-

9 Nicht alles auf einmal

nagement total umkrempeln!" Sie können fast sicher sein, dass diese Kollegen grandios scheitern werden.

- Wer alles auf einmal ändern will, wird scheitern.

Wir kennen das aus dem Sport, zum Beispiel vom Tennis: Man kann nicht gleichzeitig seine Vorhand, seine Rückhand und seinen Aufschlag völlig umstellen, denn danach funktioniert überhaupt nichts mehr. Übertragen Sie dieses Wissen auf das Projektmanagement:

- Weniger ist mehr: Picken Sie sich immer nur ein, zwei Punkte heraus, die Sie ändern möchten.

Welche ein bis zwei Punkte sollen es sein? Beobachten Sie doch mal Kollegen beim Optimieren ihrer Projektarbeit. Horst zum Beispiel plant seine Projekte inzwischen mit dem Gantt-Diagramm. Er ist sehr stolz auf diese Verbesserung. Leider nutzt sie ihm wenig. Denn mit seinen Auftraggebern vereinbart er immer noch keine konkreten Projektziele. Und das hält seine Projekte sehr viel mehr auf als seine vormals ungenaue Planung. Denn er geht immer noch in die falsche Richtung – jetzt allerdings mit Hilfe eines genaueren Plans. Deshalb:

Weniger ist mehr

- Setzen Sie Prioritäten: Das Wichtigste zuerst.

Das heißt in der Sprache der Kybernetik: Die Engpassfaktoren zuerst. Also jene Hemmnisse, deren Beseitigung die größten positiven Effekte auf Ihr Projekt hat. Welches sind Ihre beiden wichtigsten Veränderungsvorhaben? Notieren Sie diese:

Setzen Sie Prioritäten

1) ....

2) ....

Wenn Ihre zwei Veränderungen jedoch sehr große Veränderungen sind, dann schränken Sie die Zahl weiter ein: Beginnen Sie zunächst mit nur einem Vorhaben. Denn bei großen Dingen gilt: Immer nur eine Sache kann richtig gelingen. Das Tempo mag Ihnen

9 Verbessern Sie Ihr Projektmanagement

zunächst ein wenig zu langsam vorkommen, doch stetig zum Erfolg zu gelangen ist immer noch besser, als drei Dinge gleichzeitig zu beginnen und mit keinem ein brauchbares Ergebnis zu erzielen.

3. Planen Sie die Realisierung

Vorsätze reichen nicht

Menschen nehmen sich viel vor: abzunehmen, mehr Sport zu treiben, ihr Projektmanagement zu verbessern etc. Was glauben Sie – wie viele von diesen guten Vorsätzen werden tatsächlich umgesetzt? Natürlich die wenigsten. Weil es einfach zu schwer ist? Das glauben viele. Sie und ich wissen dagegen:

- Vorsätze müssen scheitern.

Wenn Sie Ihr Auto zum Kundendienst bringen, fassen Sie dann einen Vorsatz? Nein. Das hat noch kein Autofahrer getan. Man fasst keinen Vorsatz, man vereinbart einen Termin mit der Kfz-Werkstatt:

- Wenn Sie sich etwas vornehmen, planen Sie den ersten Schritt.

Vereinbaren Sie etwas mit sich selbst

In den USA hat sich daraus sogar eine Denkschule entwickelt: *The Logic of the Next Step*. Fragen Sie sich also: Ich habe mir vorgenommen, mein Projektmanagement zu verbessern – wie sieht mein konkreter erster Schritt aus? Wann werde ich ihn tun?

Mein erster Schritt: ....

Sobald Sie sich Ihren ersten Schritt überlegen, werden Sie möglicherweise ein ungutes Gefühl verspüren, das sich folgendermaßen äußert:

„Aber ich habe doch gerade so wenig Zeit!"

„Meine Teammitglieder werden das nicht kapieren."

„Der Kunde wird mich schön blöd angucken, wenn ich plötzlich so etwas Neues mit ihm veranstalte."

„Das hat bei uns im Betrieb noch keiner gemacht."

Der große Irrtum: Niemand applaudiert **9**

Was könnte Sie davon abhalten, Ihren ersten Schritt zu tun?

Notieren Sie auch dieses Hindernis:

....

Wenn es mehr als ein Hindernis ist, machen Sie am besten eine Liste auf. Dann überlegen Sie sich: Wer könnte mich bei der Überwindung dieses Hindernisses unterstützen? Das können erfahrene Kollegen, Lernpartner aus einem Seminar, Freunde, Partner, Trainer, Coaches, Mentoren oder Vorgesetzte sein. Überlegen Sie sich auch: Mit welcher Strategie kann ich diese Hindernisse am besten überwinden? Notieren Sie die Strategie:

Ein Risiko-Check

....

4. Der große Irrtum: Niemand applaudiert

Viele Projektleiter gehen ganz begeistert aus dem Seminar oder legen voll Tatendrang ein gutes Buch über Projektmanagement beiseite: „Jetzt weiß ich endlich, wie ich es viel besser machen kann!" Sie packen mutig die nötigen Veränderungen an – und werden dabei ausgebremst:

Sich selbst motiviert halten

- „Als ich meinen Chef nach den konkreten Projektzielen fragte, hat der mich angefahren und gemeint, ob ich mir das nicht selber denken könne."

- „Ich habe tatsächlich eine Detailplanung gemacht und festgestellt, dass die Wünsche des Auftraggebers nicht realisierbar sind. Darauf hat der nur gemeint, ich solle nicht so viel planen, sondern das Projekt in die Gänge bringen. Probleme würden wir dann schon irgendwie lösen, wenn sie auftauchen ..."

9 Verbessern Sie Ihr Projektmanagement

- „Mein Projektteam meutert gegen die W-Liste. Die wollen das nicht so genau machen. Die meinen, das regelt sich alles schon irgendwie."

Seien Sie nicht überrascht von Widerständen – Rechnen Sie mit ihnen

Viele Projektleiter wollen aufgeben, wenn das Umfeld nicht mitspielt. Warum lassen sie sich so schnell entmutigen? Weil sie ganz unbewusst annehmen: „Ich weiß jetzt, wie wir alles viel besser machen können. Ich bin überzeugt davon. Also müssen auch die anderen davon überzeugt sein." Das ist Unfug. Denn die anderen waren weder auf dem PM-Seminar noch haben sie „Ihr" PM-Buch gelesen. Woher also sollen die anderen wissen, was gut für sie ist? Sie erwarten, dass Ihre Vorgesetzten und Kollegen das ohne weiteres glauben?

- Worte überzeugen nicht. Nur der Nutzen überzeugt.

Erfolg überzeugt

Geben Sie nicht gleich auf, wenn Sie auf Skepsis und Widerspruch stoßen. Bleiben Sie dran, bis alle Skeptiker erkennen können, welchen Nutzen Ihre Verbesserungen auch ihnen bringen. Danach werden sie Ihnen sehr dankbar sein.

- Manchmal müssen Sie mehrere Anläufe nehmen, bis Auftraggeber, Kunden und Projektteam vom Nutzen Ihrer Verbesserungsvorhaben überzeugt sind.

5. Erfolge managen

Etliche Projektleiter klagen: „Wir kommen einfach nicht richtig voran mit unseren Verbesserungen. Das geht alles so langsam!" Viele Verbesserungsbemühungen schlafen nach hoffnungsvollem Beginn einfach ein – aber nicht aufgrund akuter Erfolglosigkeit.

9 Misserfolge managen

> Die meisten Verbesserungsinitiativen zeigen schöne Erfolge – sie werden lediglich nicht bemerkt!

Joachim, Projektleiter bei einem Handelsunternehmen, sagt: „Seit einigen Wochen lasse ich keine Verzögerungen mehr durchgehen. Ich führe mit allen, die zu spät dran sind, Vier-Augen-Gespräche. Das macht viel Mühe. Aber ob es auch etwas bringt?" Natürlich bringt es etwas! Joachim bemerkt es nur nicht! Würde er über eine ausgereifte Projektsteuerung oder einfach nur ein scharfes Gespür für die Prozesse im Projekt verfügen, würde er feststellen, dass sowohl Anzahl als auch Umfang der Verspätungen in seinem laufenden Projekt um ein Drittel zurückgegangen sind. Dass die Motivation sich im Team gebessert hat: „Jojo kümmert sich um uns, der lässt uns nicht im Stich, wenn wir hinter dem Plan herhängen." Jojo demotiviert sich und sein Team also unnötig, indem er die Verbesserungen in seinem Projekt nicht ausreichend wahrnimmt, weil er die dreißigprozentige Verbesserung übersieht. Er hat wohl unbewusst damit gerechnet, dass es hundert Prozent sein werden.

Weltwunder passieren nicht mehr

> **Profi-Tipp:**
>
> Erwarten Sie keine Weltwunder. Schärfen Sie Ihren Blick für alle Erfolge, auch die kleinen. Und: Feiern Sie sie!

Je stärker Sie auch kleine Erfolge wahrnehmen, sich bewusst machen und dem Team mitteilen, desto besser wird die Motivation, desto mehr Erfolge werden Sie haben, desto stärker wird die Motivation steigen etc. Kurz: eine unaufhaltsame Aufwärtsspirale.

6. Misserfolge managen

Erika, Projektleiterin eines Controlling-Projektes bei einem Werkzeugbauer, berichtet: „Wir waren so rückständig, dass wir noch nicht einmal mit Gantt-Diagrammen planten. Also habe ich das eingeführt. Leider ändern sich in unserem Projekt derzeit die Vor-

9 Verbessern Sie Ihr Projektmanagement

gaben so schnell, dass ich praktisch täglich ein neues Diagramm herausgeben muss – inzwischen liest das keiner mehr, weil jeder weiß: Wenn ich das lese, ist das schon veraltet. Also planen wir wieder ohne Diagramme."

> Es ist ganz erstaunlich, wie viele Projektleiter beim kleinsten Problem aufgeben.

Wenn es schief geht – noch einmal

Sie kennen vielleicht den Witz mit dem Klavier: Ein Mann bekommt ein Klavier. Er versucht, darauf eine Tonleiter zu spielen. Beim hohen C verhaut er sich und trifft das Cis, worauf er meint: „Wusste ich's doch – das Klavier funktioniert ja gar nicht!" Warum lachen wir über diesen Witz und nicht darüber, dass Erika wegen eines winzigen Problemchens gleich die ganze Gantt-Technik wegwirft?

> Sie können nach Rückschlägen aufgeben. Sie können aber auch aus Rückschlägen lernen. Wofür entscheiden Sie sich?

Erika zum Beispiel plant inzwischen wieder mit Gantt-Diagrammen: „Das Gantt-Diagramm wird jetzt nur noch jede zweite Woche überarbeitet – das reicht völlig." Was lernen Sie aus Ihren Rückschlägen? Dass die Methode nichts taugt, dürfte keine wirklich ernst zu nehmende Entschuldigung sein. Ziehen Sie eher wahrscheinlichere Ursachen in Betracht: Wenn es so nicht funktioniert, wie könnte es funktionieren? Was kann ich anders machen, damit es (besser) funktioniert?

7. Turbo-Check: Zehn Schritte zum Erfolg

Turbo-Check:

Zehn Schritte zum Erfolg

- Versuchen Sie keinesfalls, Ihr komplettes Projektmanagement auf einmal zu ändern. Weniger ist mehr: Ein bis zwei Punkte genügen für den Anfang.

- Wählen Sie keine beliebigen Punkte. Setzen Sie Prioritäten: Welche zwei Punkte bringen die größten Verbesserungen?

- Wenn beide Punkte sehr große Veränderungsvorhaben nach sich ziehen, schränken Sie sich weiter ein: Ein Punkt genügt.

- Wie sieht konkret Ihr erster Schritt aus? Wann werden Sie ihn unternehmen? Welches Ergebnis streben Sie an?

- Was könnte Sie von diesem ersten Schritt abhalten?

- Was und wer kann Sie beim ersten Schritt unterstützen?

- Sorgen Sie für Akzeptanz: Überzeugen Sie alle Beteiligten davon, dass es ihnen etwas bringt.

- Bleiben Sie dran. Lernen Sie aus Rückschlägen.

- Belohnen Sie sich und Ihr Team für Erfolge.

- Suchen Sie sich einen neuen Verbesserungspunkt und beginnen Sie wieder bei 1.

Glossar

Auftraggeber: Die letzte Entscheidungsinstanz in einem Projekt. Der Auftraggeber entscheidet über den Sinn und Nutzen des Projekts sowie über Termine und Finanzmittel.

Aufwand: Der Betrag an aktiver Arbeitszeit, die ein Projektmitarbeiter benötigt, um eine Aktivität zu bearbeiten. Der Aufwand wird gewöhnlich in „Personen-Stunden", „Personen-Tagen" oder „Personen-Wochen" ausgedrückt. Früher war dafür der Begriff „Manntage" oder „Mannwochen" üblich.

Balken-Diagramm: Siehe „Gantt-Diagramm".

Brainstorming: Eine Kreativitätsmethode, um in einer Gruppe möglichst schnell auf viele, auch ausgefallene Ideen zu kommen. Wichtig ist dabei, dass während der Ideenfindung alles ohne Diskussion und Kritik notiert wird.

Change Request: Die „Änderungsanforderung" eines Kunden oder Auftraggebers.

CPM: Critical Path Method: Eine Methode der Zeitplanung mit Fokus auf dem kritischen Pfad (siehe auch „Kritischer Pfad").

Dauer: Die Zeit zwischen dem Beginn und dem Abschluss einer Aktivität. Die Dauer kann auf zwei Arten definiert sein: Als reine „Arbeitstage" oder als „Kalendertage" bzw. „Kalenderwochen", die alle Feiertage, Wochenenden etc. beinhalten. Die erste Definition wird am häufigsten genutzt.

Focus Group, User Group: Hauptsächlich in der Produktentwicklung verwendet: Ein repräsentatives Team von Kunden oder Benutzern, mit deren Hilfe das zu entwickelnde Produkt definiert und später getestet und verbessert wird.

Gantt-Diagramm: Diagramm zur Darstellung des Zeitplans eines Projekts. Hier sind die Aktivitäten untereinander aufgelistet. Für jede Aktivität ist ein waagerechter Balken eingezeichnet, der die Dauer der Aktivität im Kalender zeigt.

Kritischer Pfad: Der Pfad, der, ausgehend vom Start des Projektes bis zum Abschluss, die längste Dauer hat. Der kritische Pfad bestimmt die Gesamtdauer des Projektes. Jede Verzögerung auf dem kritischen Pfad verzögert automatisch das gesamte Projekt.

Linie, Linienorganisation: Beschreibung der „normalen" Hierarchie in einer Firma zur Abgrenzung von der Projektorganisation. In der Linie stehen die Gruppenleiter, Abteilungsleiter, Bereichsleiter etc. hierarchisch übereinander. „Linienfürsten" sind damit die jeweils obersten Leiter einer Abteilung oder eines Bereichs. Linienkollegen sind die direkten Kollegen in der eigenen Abteilung. Da die Mitarbeiter eines Projekts meist aus mehreren Abteilungen kommen, wird in Projekten „linienübergreifend" gearbeitet.

Manntage, Mannmonat: Die klassische Einheit für den Arbeitsaufwand. Heute ist die Einheit „Personen-Tage" usw. üblicher.

Netzplan: Siehe „PERT-Diagramm".

Personen-Tage, Personen-Wochen: Die heute übliche Maßeinheit für den Arbeitsaufwand.

PERT-Diagramm: Eine Projektdarstellung, um die Vernetzung von Aktivitäten in komplexen Projekten deutlich zu machen. Jede Aktivität ist als Kästchen dargestellt. Die logische Abhängigkeit zwischen Aktivitäten wird als Linie dargestellt. In jedem Kästchen stehen Aufgabenbeschreibung, Aufwand, Dauer und Termine.

Produkt: Jegliche Hardware, Software, Dienstleistung, Dokumentation etc. Ein Produkt ist also möglicherweise das Ergebnis eines Projekts. Das Projekt ist der Weg dorthin.

Projekt: Ein einmaliges Vorhaben mit definiertem Ziel sowie festgelegtem Anfang und Ende und begrenzten Mitteln.

Glossar

Projektleiter, Projektmanager: Derjenige, der die Aufgabe und Verantwortung hat, das Projekt erfolgreich zu planen, durchzuführen und zu beenden.

Projektmanagement: Die Kombination von Techniken, Personen und Systemen, die benötigt werden, um das Projekt bis zum erfolgreichen Abschluss zu planen, durchzuführen und abzuschließen.

Puffer: Die Zeit, um die sich eine Aktivität verzögern kann, ohne den Abschlusstermin des Projektes zu beeinflussen.

Reporting: Das „Berichtswesen" besteht normalerweise aus Statusberichten und Projektpräsentationen.

Ressourcen: Allgemeine Bezeichnung für die zur Verfügung stehenden Mitarbeiter, Geräte, Finanzen und sonstigen Mittel, um das Projekt durchzuführen. In der Regel sind damit Projektmitarbeiter gemeint.

Ressourcendiagramm: Darstellung der Arbeitsauslastung der einzelnen Projektmitarbeiter pro Tag, Woche oder Monat. Diese Darstellung wird als Ergänzung zum Gantt-Diagramm verwendet.

Return on Investment, ROI: Betriebswirtschaftliche Kenngröße für die Rentabilität eines Projekts. Es ist etwas verkürzt der Gewinn oder Nutzen geteilt durch die Projektkosten. Es wird natürlich ein ROI von deutlich größer „Eins" angestrebt.

Show Stopper: Ein Ereignis, welches zum Abbruch des Projekts führt.

Tools: Die im Projekt verwendeten Hilfsmittel, wie zum Beispiel Softwareprogramme.

Übersicht Turbo-Checks und Checklisten

Eckdaten klären	49
Auftragsklärung vorbereiten und durchführen	53
Widerstände managen	75
Übersehene Risiken	91
Risiken managen	92
Arbeitspakete delegieren	126
Wie sag ich's meinem Arbeitgeber?	131
Projekte schnell und einfach planen	134
Die Grundlagen der Delegation	139
Was tun bei gebrochenen Zusagen?	140
Vorgesetzte überzeugen	150
Weisungslos führen	155
Chronische Abweichungen steuern	168
Änderungswünsche konsequent steuern	171
Projekte und Abweichungen steuern	174
Das Projekt abschließen	184
Zehn Schritte zum Erfolg	193

Stichwortverzeichnis

Abteilungsleiter 136
Archivierung 182, 183
Auftraggeber 18, 22, 26, 62, 88, 129, 131, 149, 152
Auftragsklärung 39, 53, 160

Balkendiagramm 119
Benutzer 62, 63

Change Request 169, 171

Einsparpotenzial 106
Einstellung zum Projekt 29
Einwandbehandlung 71
Erfolgsfaktor 85

Fragetechnik 31

Gantt-Diagramm 119
Großprojekte 14

Kontextklärung 59, 60, 62, 160
Kosten 39, 43, 44

Maßzahlen 41
Moderieren 180
Motivation 68, 143, 146, 181, 189

Netzplan 15

Prioritäten 39, 47, 48, 131, 187
Projekt-Betroffene 61
Projekt-Desinteressierte 67
Projekt-Marketing 151
Projektabschluss 179, 184
Projektaufgaben 101, 106, 110, 111
   -Delegation 139

Projektaufwand 115, 139
Projektberichte 174
Projektdauer 101, 115
Projekterfolg 161, 186, 190, 193
Projekteskalation 136, 148, 151, 152
Projektetappen 99, 102, 127
Projektfaktoren 41
Projektgegner 68
Projektidee 23
Projektinteressen 62
Projektkapazitäten 124, 145, 154
Projektkomplexität 95
Projektlösung 36, 40, 141
Projektmanagement
   -Instrumente 15, 17, 18, 95, 97
   -Methoden 14
   -Software 16, 120, 132, 133
   -Techniken 14
Projektplanung 95, 98, 109, 113, 115, 126, 134, 160
   -Abweichungen 158, 159, 162, 167, 168
   -Änderungen 169, 170
Projektrisiko 78
Projektsteuerung 158, 169, 172, 174
   -Abweichungen 174
Projektteam 164, 165, 167
Projektwiderstand 56, 75, 160, 190
Puffer 68, 122, 127, 128

Qualitätsprüfung 122

Reporting 173
Risiko-Management 87, 88, 92

Stichwortverzeichnis

Risiko-Matrix 82
Risiko-Portfolio 83
Risikoanalyse 160, 189

Tagesgeschäft 117
Termine 39, 43, 44, 115

Unklarer Auftrag 25

Vorgesetzter 150

Ziele quantifizieren 40
Zielfrage 32
Zielkatalog 33
Zielorientierung 35